根

以讀者爲其根本

莖

用生活來做支撐

葉

引發思考或功用

獲取效益或趣味

戀愛蹺蹺板
奕旭★著

戀愛蹺蹺板

作　　者：奕旭
出 版 者：葉子出版股份有限公司
發 行 人：宋宏智
總 編 輯：賴筱彌
企　　劃：陳裕升．汪君瑜
責任編輯：林淑雯
文字編輯：王雅慧
美術編輯：項海萍
封面設計：項海萍
印　　務：黃志賢
地　　址：台北市新生南路三段88號7樓之3
電　　話：(02)2363-5748
傳　　真：(02)2366-0313
E-mail：leaves@ycrc.com.tw
網　　址：http://www.ycrc.com.tw
印　　刷：鼎易印刷事業股份有限公司
法律顧問：北辰著作權事務所
郵政劃撥：19735365
戶　　名：葉忠賢
初版一刷：2004年1月
定　　價：新臺幣200元
I S B N：986-7609-12-3

總 經 銷：揚智文化事業股份有限公司
地　　址：台北市新生南路三段88號5樓之6
電　　話：(02)2366-0309
傳　　真：(02)2366-0310

戀愛蹺蹺板 / 奕旭著. -- 初版. -- 臺北市：葉子,
2004 [民 93]
面：　公分 -- (紫薇 ;4)
ISBN 986-7609-12-3(平裝)
1. 戀愛

544.37　　　　　92020736

※本書如有缺頁、破損、裝訂錯誤，請寄回更換

作者序

愛情是現代人於生活中追求的主要目標之一。一個擁有再多金錢、能力再好的現代男女，若缺乏愛情的滋潤，總會感覺人生充滿遺憾，無法盡善盡美。高品質的物質生活享受，同時也需要心靈的饗宴與愛情的調劑，方能使品質提昇，生活更加多采多姿。一株再美麗的花朵，若僅空有美麗的花蕊，缺少綠葉的搭襯，總是美的有缺陷，美的不夠完整，少了視覺享受的快感。

愛情的對象也許不在人，而是在情。沉溺於愛情的男女，經常喜愛的是愛情本身，愛上了那種刻骨銘心的溫柔感受。愛情不像溫鞦韆，可以獨自得到其中的樂趣；愛情應該像是蹺蹺板，非得要對方願意配合，有時主動付出、有時被動享受，兩人相互在愛情中成全彼此。

愛情是兩人遊戲，愛情更像蹺蹺板，少一人會無趣，多一人關係就變的複雜起來了。愛情世界不要孤獨，三人更不可行，因爲愛情是自私的。愛情翹翹板告訴你，愛情會有高有低，但不能永遠一邊高一邊低。

奕旭

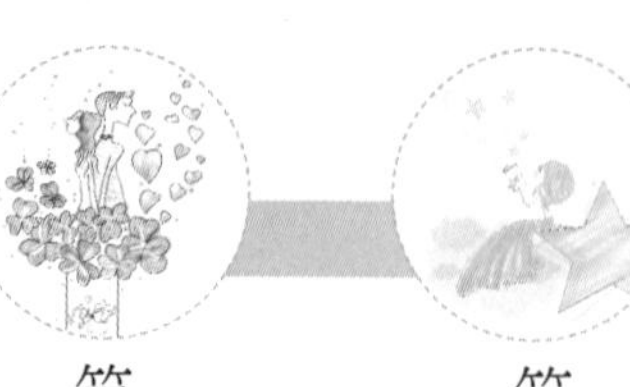

目錄

Contents

Something About Love

第一章
愛情VS.迷惘

有了愛情，人生才美麗；

有了愛情，人生不孤獨。

而男女之間的差異是建立在生理上的，

性是生理上的性別，而性別是心理上的性別。

對於愛情，女性所注重的是心靈感受，

男性則會考量愛情的附加價值。

愛情的迷惘

有了愛情，人生才美麗；有了愛情，人生不孤獨。

天生我才必有用。男與女共存於世界上即是要發揮互補與結合的作用，爲人類生命的延續取得接合點，愛情則是男女關係中的潤滑劑，是孕育生命的媒介。愛情的目的不全然是爲了延續生命，但缺乏愛情的生命，猶如缺水的花草樹木，永遠無法綻放出美麗的花朵與果實。

有人說，生命中不一定要有愛情，愛情不過是虛幻的憧憬，不值得付出太多心力；但也有人說，愛情爲生命帶來希望與喜悅，恰似爲一口乾涸的枯井注入一股新的泉源活水。

有了愛情，人生才美麗；有了愛情，人生不孤獨。愛情不是生活中的必需品，但少了它，就像不加鹽巴的菜餚，再怎樣都欠缺那個味道。乏味的菜餚如同枯躁乏味的人生，無法提起人們品嚐與咀嚼的意願。愛情是調味料，豐富人生的內涵，也充實了心靈感受。

生命中究竟需不需要愛情？男女到底須不須要談戀愛？這是愛情的迷惘。愛情調味料下的過重，容易引發疾病，也會讓菜色變了味，反而是種困擾與負擔；但適度的愛情男女絕對需要。

愛情絮語…………………

*愛情是暫時性的，幾乎全部的愛情都無法持久。
*愛情可以產生很大的精神力量，控制肉體的行為。
*愛情不限於男女之間，同性也有可能，異性的愛情是顯性，同性為隱性。
*愛情是雙方面的共鳴，所以人與動物不容易產生愛情，因為動物無法像人般表達知覺。
*單戀也是愛情的變種，不是一般所謂的愛情。
*愛情是消耗品，會用完的。

男女互異的生理與心理

男女之間的差異是建立在生理上的。

從生理學的觀點來看，男女除了在性器官有明顯的差別以外，其他方面的差別還是有一些是生理的特徵所使然，依據研究資料的分析結果，男女身上的荷爾蒙激素不同，腦裡的結構使用程度也不同，體格架構的發展也不完全一樣。例如，男人的右腦比較發達，具分析理解能力，女人的左腦比較發達，有情感，語言能力運用強，但是對空間距離的判斷力較弱。男人的肌肉較結實，身體上的脂肪也較少，較適合於爆發性的動作；女人的肌肉較柔軟，但因脂肪多，因此，在長途游泳方面，女人較能持久浮在水面上。也有研究指出，女人忍受痛苦的程度遠較男人為強。在性的反應上，男人易受刺激，易達性高潮，也易消退；女人性反應比較緩慢，不易達到高潮，但若有高潮，則可連續數次，消退也慢。

男女之間的差異是在建立在生理上的。男性的身體與女性的身體不同，使男性與女性在體力、速度、耐力、柔韌性和靈活性上有不同；兩者腦部的不同使兩者在思維方面有不同。歷史事實說明，這些差異對男女爭權奪利沒有絕對決定。在得到相同的權力與成就的機會上，男女是平等的。男性與女性會在不同的條件下分別占有一定的爭權奪利的優勢，但不是永遠。

基本上，女人情緒化、憑本能直覺，是「自然的動物」，男人受群體價值觀左右，經常戴面具出現，屬於「社會的產物」。例如，當女人陶醉在嬰兒一舉一動、天使般的笑容，希望引起男人的共鳴時，「看！我們的寶貝笑得多甜」，男人通常缺乏這份認同感，甚至無動於衷。由於彼此之間的盲點，產生「男人只覬覦女人赤裸的肉體」、「女人只想看穿男人赤裸的靈魂」之類以偏概全的誤解。

由於先天心理和生理的不同，男人和女人的戰爭永遠不會停止。對男人而言，女人更是難以取悅的非理性動物；她嫌你不夠男子氣概；覺得你太自私；有時候女人要事業不要家庭；有時候只要性高潮或一夜情而不願被束縛；但大部分女性要求伴侶絕對忠實；她要求男人保護；有時候女人是「永遠的母親」，專門扮演照顧男人生活起居的角色。

對於愛情，女性所注重的是心靈感受，男性則會考量愛情的附加價值。女人當然也會欣賞溫莎公爵般的愛情故事，但令女人更爲推崇的則是轟轟烈烈、驚天地泣鬼神的梁祝之愛。因爲祝英台以死的直接行動來抗拒父母安排的婚事，用生命去成就一個女人對一個男人的愛情承諾，實現愛情的理想與憧憬；而梁山伯在得知祝英台的心意後，也以結束生命的方式來一起殉情，用生命回報了一個女人對愛情的執著與無悔，是何其的偉大，聽聞者皆爲之動容。

愛情這個字眼對兩性而言，是不盡相同的，有的時候，嚴重的誤解會導致分歧甚至形成裂痕。拜倫（**Lord Byron**）說：「男人的愛情是男人生命的一部分，是女人生命的整個的存在。」尼采（**Friedrieh Nietzsche**）也曾在詩裡表示過類似的意見：「女人對愛情的意義瞭解很清楚，她不僅需要忠心，而且要求整個身體和靈魂的奉獻，沒有保留。沒有對其它事物的顧慮。這種無條件的性質造成所謂的忠誠，這種性質是她唯一所有的。至於男人，假如他愛一個女人，他所需要的是從她那裡所得到的愛，因此他要求女人的遠勝於要求自己的感情。」

愛情與生命是聯繫在一起的，而生命則是無價的，比王位、財富、權力等更有價值就是女人的愛情理想。男人與女人對愛情的不同理解，影響著男人與女人對待愛情的現實態度。男人往往可以爲了金錢、名利等可見的價值而放棄愛情，而女人則可以爲了愛情而放棄金錢、名利。男人往往可以爲了某種信仰，無論是宗教的還是倫理的而拋棄愛人；而女人則可以爲了愛人而背叛家庭、背叛教義。愛情牽掛的是女人的生命，因而女人的愛情總有一種義無反顧的宿命感。

愛情關聯的只是男人的命運，因而男人的愛情便會出現種種必然會出現的「偶然性」。當然，隨著時代的發展，愛情也在變化。現代社會的日益商品化，使人們的愛情觀也越來越現實。金錢在愛情中粉墨登場，而情義則從愛情中倉皇逃離。愛情像可樂、飲料一樣唾手可得，而眞情卻像鋁箔包、塑膠袋、面紙一樣隨手可棄，所謂得來容易的就愈不懂得去加以珍惜。速食文化式的愛情觀，讓男人在適應之中感到不適應，而女人則在不適應中漸漸地適應。儘管如此，女人仍無法改變她對愛情的宿命感。一旦愛神拋給她漂亮的舞鞋，她仍會穿上並像灰姑娘一樣不停地旋轉，爲愛手舞足蹈，爲情轉的頭暈目眩。但男人卻不會因愛情而勇於向命運挑戰，一旦命運暗示他重新選擇，他仍會服從命運的安排。

無論是中國社會或其他文化社會裡，自古以來「男女有別」是天經地義的事實。這種「男女有別」不僅是指生理上的差別，通常還包括社會對男女行爲期待的差別。如果一個人被說成「不男不女」，則是明顯的社會指責。因爲，社會對男人的角色期待是有別於對女性的。因此，男性的行爲規範的要求亦有別於女人。從社會學的角度分析，一個「不男不女」的人是社會上的行爲差異者。

一個人出生時，是男或是女，是自然界的生理性別認知，除非經過變性手術，否則這種性別認知無法改變。但是一個人將自己看做是男或是女，卻是一種想像。一個男人可能將自己幻想成爲女人，也把自己打扮成女人，也希望他人以女人的角色對待他，在行爲和形象上處處以女人自居，這種想法是性別認知的問題，是一種對自我角色的期許，也是一種角色的錯亂。

愛情絮語……………………

阿珠：「為什麼『男』字上面是個田字呢？」
阿花：「因為古時候的男人都在田裡工作。」
阿珠：「那為什麼要在下面加個力字呢？」
阿花：「男人下面沒有力還算是男人嗎？」

愛情絮語……………………

甲女經常感嘆：「為什麼成熟、體貼的男人全成了別人家的老公，還沒結婚的男人，卻沒一個像樣的？」

乙女提醒她：「女人們培養好丈夫都是自產自銷，沒有男人能自學成材。」

生理性與心理性

性是生理上的性別，而性別是心理上的性別。

性和性別的區別主要是生理與心理的分野，性是生理上的性別，而性別是心理上的性別，原本這兩者應該是一致的，但是有些人在性和性別不一致的情況下於是產生了性別焦慮症。

一個人的性別錯亂是因爲他的內心期望想法與外在的身體生理結構產生落差，比如說在他的內心世界，一直期待自己是女兒身，因此在行爲舉止與衣物穿著上都相當女性化，但實際上「她」卻是個不折不扣的男兒身，擁有明顯的男性器官與特徵，不過卻缺乏了男人應有的男子氣概。這類人因爲渴望變成女性，所以在心理上容易產生性別焦慮，內在的想法與外表的實際特徵導致他對性別的錯亂。原因出在他的認知想法，如果他認爲身爲女生比男生要好，他的內心即會產生此種驅力，迫使他的行爲異化，讓人覺得是霧裡看花，倘若眞的不仔細做身體檢查，光從他女性化的裝扮，眞的會不明白他到底是男是女。如果以精神醫學來看，這是一種心理障礙，主要常見的五種類似疾病爲：變性慾症、異裝症、同性戀、雙性戀、精神病。其中以變性的情況最爲嚴重。

性別焦慮症中的變性慾患者，性和性別不一致，以至於想要改變成心理的本「性」，比方說，外觀完全是正常男性，但心理卻認爲自己是一個道道地地的女性，因此，在內外不協調的情況下，一直尋求變性，回復自己心中的本「性」。這種念頭是很長時間，而且是持續不斷的；至於異裝狂則是穿著異性服裝時會得到很大的快感，但本身並不排斥自己的性器官，這與變性慾最大的不同就是，變性慾患者非常排斥自己所有的性器官，而穿著異性服裝也認爲這是應該穿的，並不會得到快感；同性戀主要是性慾的對象弄錯，基本上也不會排斥自己的器官；雙性戀的患者有時扮男性角色，有時扮女性角色，有時自己也不清楚自己是何種角色，至於精神病患者有時也會因爲性別幻想，而產生性別障礙。

在現今的社會中「變性慾」者，被接受程度已經比以往高。以前我們所強調的「男性氣概」或「女人味」，那種涇渭分明的區隔，它們之間的界線也已逐漸模糊，我們已經不再以剛柔或陰陽來區別「男性」或「女性」的專屬名詞。我們可以在男性的身上感覺到女性特質，在女性的身上也可以找到男人味。性別的兩極化已在流行文化中逐漸被打散。特別是第三性公關的出現。

曾有一段時間「紅頂藝人」——第三性公關的表演在社會上受到異常的歡迎，新聞媒體也大肆報導他們如何在影劇娛樂圈中竄起，並介紹這些紅頂藝人的心路歷程。其實我們不難發現，同時也不難理解，在多元的社會中，一切都是快速變化，規律的思想與生活激不起人們的慾望與情緒，唯有求新求變，與衆不同才能夠吸引目光，才有賣點。

據悉，泰國每三萬人中就有一人在等候徹底改變自己的性別，每年還吸引爲數衆多的外國變性者來此進行手術，泰國變性手術的價格約爲五萬至十萬銖，而在其他國家則需五十萬銖。現在泰國有變性人十多萬，也有人認爲是五十萬。這些被稱爲「人妖」的所謂**Lady of Man**大多是由男變女，她們出入於各種娛樂場所，依欄賣笑，給外國的遊客留下了深刻的印象。在帕塔亞（**Bataya**）這個昔日侵略越南的美軍後勤休閒基地，一些人妖身著華服，在豪華的歌舞廳裡載歌載舞，讓觀衆聽到熟悉的音樂如醉如癡。

實際上，泰國的變性人不僅有男性變爲女性，還有女性變爲男性的人，只不過在人們的心目中，那些塗脂抹粉，花枝招展的男變女郎更吸引人罷了。有的行家說，人妖不僅僅存在於泰國，以前東南亞各國都有，只是由於其他國家經濟起飛，感到再以人妖招睞遊客有傷國體，於是採取驅趕的政策，人妖的前輩都聚集到了泰國的帕塔亞。至於人妖爲什麼會出現以及最早在那個國家出現已經不可考，但泰國已經是人妖的大本營則是不爭的事實，到泰國不看人妖就等於沒有到過泰國，人妖已經成爲泰國發展旅遊的王牌。有人說泰國也不想拿人妖來炫耀，只不過看到它對旅遊業的促進作用而聽之任之罷了。我們對泰國官方的態度不得而知，但人妖的普遍存在則是有目共睹。

所謂的「男性氣概」或「女人味」，已經不再是以剛柔或陰陽可以用來做二分區別的專屬名詞。我們可以在男性的身上感覺到女性特質，在女性的身上也可以找到男人味。性別的兩極化已在流行文化中逐漸被打散。然而，從這樣的角度來觀看電視節目中的反串角色，蘊含其中所反映的性別意識形態是什麼呢？這些角色又「再現」了什麼樣的女性典型？我們不難發現，是年老、癡呆、行動遲緩、愚昧、醜陋、可以操弄、肥胖等負面的形象。而那些豔麗妖嬌的反串裝扮所突顯的呢？難道在我們觀看了「男扮女裝」的反串表演時，都要大嘆「他」們比「女人還要女人」嗎？究竟什麼才是對「女人」這個性別角色的判斷呢？這樣的「性感形象」是眞實生活中的女性嗎？還是男性心目中建構的女性形象的反射呢？媒體玩弄了或剝削了什麼？是女性的身體、還是男性的幻象？因此，如果「反串秀」塑造出來的女性典型並不是痴愚、性玩物的形象再現，而社會主流的男性霸權所要定義的性別界限，只是在不同程度上的重新回歸原位罷了。

在愛情世界中，男女可要睜大眼睛仔細挑選，不要挑了個變性慾者當作是你的伴侶，萬一被欺騙可不是開玩笑的事情，性別的錯亂配對會鬧出問題，這種違反倫常與自然法則的事情，可是會受到懲罰的，不是社會對你的異樣眼光，而是可怕的身體病變困擾你的人生。

愛情絮語

有人形容跟異性交往，就好像在海邊撿石頭，大家都會撿喜歡的那一顆。一旦撿到一顆你最喜歡的石頭，便把它帶回家去，好好對待它，因為那是你唯一的石頭。而且要記住，從此以後不要再到海邊去。

理性與感性

如果戀愛不再是秘密，其樂趣也會隨之消失。

二十幾歲的愛情是幻想，三十幾歲的愛情是輕挑。人到了四十歲的時後才會眞正的明白，原來眞正的愛是「柏拉圖式的愛情」。即使是小室、小桌、小椅，只需加入一點點的愛，也就足以建築成一個溫暖的窩。戀愛期間，感覺雖然是甜蜜的，但偶爾也會有意見的分歧。當愛情的果實日漸由甜變苦時，男人會較爲自私，刻意尋找一些藉口來搪塞、欺騙或逃避。而女人處理愛情較執著於理性，但卻是一次又一次的相信，企圖挽回已經完全發生變化的愛情。這是一種非常愚蠢的想法，正像一個腐爛的蘋果，即使你吃到嘴裡也不會甜蜜。

如果戀愛不再是秘密，其樂趣也會隨之消失。由戀愛退回到友誼的情境卻是困難的，面對一個無法對他微笑的人又如何去愛他？或許這是情人們當初互相掩

蓋自己的缺點，將最好的一面呈現出來所使然。互信互諒才能化解危機，忍耐與溫柔是最大的力量。三島由紀夫說：「男人一生最大的悲劇就是誤解女性。」戀愛中的女人最大的幸福，就是被愛她的人視爲自己的一部分。愛人是幸福的，被愛更是最大的幸福，從相遇、認識、互愛而後別離，這就是人類悲傷的愛情故事。

就戀愛中的性關係來說，由於女性的性能力優於男性，因此選擇權也在女性，而可憐的男人就不斷的追求社會權力來贏得交配權（芳心）。所謂的年少多金帥氣公子，開著外國進口轎車，希望車內駕駛座旁邊是香豔的美女，通常車越名貴，車裡的女人也越漂亮。兩性之間，不斷地爲性選擇權添加許多金錢與權力的賭注。

世界上的人性有許多種，有善性有惡性，有理性也有感性。所謂理性的人生，這種人大部分以學者專家自居，自覺對於道理一絲不苟，做人處事「非禮勿動，非禮勿視，非禮勿言，非禮勿聽。」是異常的理性。也有的是感性的人生，睹物思情，望月思鄉，花開花落，生喜死悲，將情緒直接了當的表達出來，非常的感性。與理性的人談論感情，是冰冷、枯燥乏味的，但現實問題終究要面對，只是提前面對而已，讓你有機會眞正思考愛情可能面臨的難題與困境。與感性的人談戀愛，必定是轟轟烈烈，不一定會有完美的結局，但過程卻是讓你再三回味，讓你刻骨銘心，永世難忘。

一般說來，哲學家以理性的成份居多，如老子、莊子，甚至歷史上的諸子百家，可以說都是非常的理性；文學家多數是感性，對人生有些憧憬與幻想。細讀韓愈的「祭十二郎文」，可以看出他那一份濃厚的叔侄感情；品嚐蘇東坡的「啖口召請文」，裡頭即充滿了悲憫衆生的至情感性。

人生究竟是理性好呢？還是感性好呢？談論感情到底是理性好？還是感性好？應該沒有肯定的答案。太過理性的人生，處處顯得冷冰冰，一點蓬勃的生氣、熱力都沒有；太過感性的人生，卻怕過於感情用事，往往因爲情緒化而失去客觀與公允的判斷。歷史上，關雲長就是一個理性的將軍，他過五關斬六將，上馬一提金，下馬一提銀，因爲受過這樣隆重的待遇，雖然在華容道上可以輕易的把曹孟德信手捉拿，但是關雲長感念曹孟德有恩於己，故而將其釋放。然而他在下邳兵敗，率領劉備的妻兒逃難時，夜讀春秋，大義凜然，遵循叔嫂之禮，嚴守男女分際，所以關雲長雖然重恩義，仍不失爲一個理性的英雄人物。

南唐的李煜，就是典型的感性人物，他的一生風花雪月，吟詩填詞，到最後國破家亡，只留下一些感傷的詩詞，例如，他的「相見歡」：

「林花謝了春紅，太匆匆！無奈朝來寒雨晚來風。胭脂淚，留人醉，幾時重？自是人生長恨水長東！」

「無言獨上西樓，月如鉤，寂寞梧桐深院鎖清秋。剪不斷，理還亂，是離愁，別是一番滋味在心頭。」

雖然名爲「相見歡」，寫的也盡是一些柔腸寸斷的離愁別緒，令人不忍一讀。唐朝武則天，既理性又感性。駱賓王就說她毫無人性，殺姊屠兄，弒君鴆母；但是另一方面，武則天又非常盡心盡力，爲國爲民。說她是理性呢？或者說她是感性呢？這是一個複雜的人性，任誰也摸不清楚她眞正的想法及處世原則。

立身處世，太過理性，顯得冷冰冰；太過感性，又是熱呼呼，會沖昏了自己。究竟感性、理性，何去何從？不妨在理性的時候，帶一些感性；在感性的時候，要帶有一些理性。最好是理性、感性融和，理性感性化一，合乎中道。是理性的，也是感性的，是感性的，也是理性的；如同勇猛智慧、慈悲喜捨，共同做爲人生的骨架。則十八般武藝，樣樣都能爲國爲民謀福，不執著自己的一己之私，是謂理性、感性交融，而有益於蒼生也！愛情能否兼顧理性與感性，能否在兩者之間求取平衡點？實在是令人困擾的問題。

「問世間情爲何物，直叫人生死相許」，愛情隱藏無窮的魔力與魅力，爲紅塵俗世增添色彩，欠缺愛情，生活即失去樂趣與鵠的。對於愛情，是要多一點理性，還是要多一些感性？恐怕又容易陷入見仁見智的爭辯當中。談愛情可以感性，但論及婚嫁可就無法感性了，可能需要理性地面對。

男女間的愛情關係是理想面，性關係則是現實面，婚後的生活與經濟壓力也是現實面。愛情關係與性關係可以是感性面對，但同樣也是可以理性面對，但主

動與決定權操之在己，當然後果也須由自己去承擔。

愛情絮語……………………

小明問爸爸：「老師要我們交一篇有關政治的作文。什麼是政治呀？」

爸爸想一想說：「這麼好比喻……」

「媽媽管的是家事，就好比政府；爸爸出去賺錢回家，好比是財團；家裡的菲傭是替我們作事，就是勞工；你哥哥常常欺負你，就像是壞人；你哥哥的女朋友對你很好，像是好人；你呢，靠我們養你、保護你，就好比人民；弟弟比你年紀更小，是大家的未來。」

到了晚上弟弟便便哭鬧，小明叫不醒在熟睡的媽媽；又看到爸爸在菲傭房間裡，壓在菲傭身上；哥哥把女朋友弄得嗯嗯叫，他求助無門。

第二天的作文寫道：「……政治是這樣子的：人民在尋求幫助時，政府在熟睡，財團欺壓勞工，壞人欺負好人，這個時候，我們的未來只有一褲子大便，繼續哭泣……

知彼知己

愛情的路程中，女性總是扮演被動的角色……

愛情什麼時候來？這是世間男女們對於愛情生活的一種憧憬。愛情的路程中，女性總是扮演被動的角色，她們往往被抬得高高的，但也經常摔得鼻青臉腫。無論是天性也好，是後天的教育也好，男女認識進而交往的過程，往往都是男性主動，女性扮演被動的角色。這種模式會產生幾種效應：

男性容易遭受挫折

俗話說：「男追女，千重山，女追男，一層紗」，在陌生的原始環境下，女性不會一開始就點頭，所以滿頭包的大概都是男性，女性往往是以逸待勞，佔盡所有便宜。

男性有選擇的優勢

他可以挑選自己喜歡的對象，甚至同時腳踏幾條船，女性則乖乖地期待心儀的對象來臨，當然，往往不從人願。

男性有取捨的權力

追到一半發現對方不理想、自己心情不好、有更好的對象出現，都可能打退堂鼓或移情別戀。除了騙財騙色的色狼以外，只要不欠錢，或者發生性關係，對男性而言，轉移目標有何不可？有良心的還告知一聲，沒良心的就邀請對方參加自己的婚禮。

男性掌控進度

他可能希望快一點登堂入室，也可能細火慢慢地熬，要結婚不結婚看他高興，女方往往受到支配，自主性相當低。

對於十二星座的女性來說，愛情來了會有什麼樣的反應？

是先知先覺？後知後覺？還是不知不覺？如何感應愛情，運用星座招式，明瞭自己的愛情傾向，可掌握主動不被男性支配。

★牡羊座

並不想坐著枯等愛來，都是自己去尋找愛情，非常知道自己對哪一類型的男人傾心；什麼樣的男人比較適合自己。不但會爲愛往前飛，還會爲了愛不惜告別爹娘，做出驚人之舉，遠走高飛。對愛的感覺，偏向於身體感官，從心悸、心跳來得知自己戀愛了。

★金牛座

金牛座的愛需要靠對方來

反證，通常不會對一件還沒有成定局的事情妄下定論。希望所得到的愛是一份眞眞切切、實實在在的情懷，不想多加猜測，因爲無法接受自己猜測錯誤的事實。當愛情來的時候，會仔細地觀察，並且思索自己下一步要往哪裡走。

★★雙子座

對於愛情的演繹，就像是握在手中的選台器一樣，知道哪個男人對妳來說是比較具有吸引力的，哪個男人又該隨風而逝。愛情來的時候，並不會要求和對方一定要有怎麼樣的開始或怎麼樣的結束，只要是能夠滿足妳找尋情人樂趣的一段愛戀，都會讓妳覺得有趣。

★★巨蟹座

幾乎是等著愛來敲門的，把自己妝點成可愛的女人，一切就只等著擦身而過的愛情能不能停駐身邊了。不能沒有被愛的感覺，如果是孤寂的巨蟹座女人，會希望對方能夠主動一點。

★★獅子座

當愛情來的時候，就是獅子座女人從病貓變成母獅子的時機。在墜入愛之前的獅子座女人，懷有對愛情的憧憬，一心只想做個沉醉愛中的女人；然而，一旦墜入情網，卻極力想要掙脫情網，做個自由自在的女人。總之，愛情來的時候，更需要有自主權。

★處女座

將愛情當成是品管線上一件等待製作的產品，明確地知道自己會去愛，但總希望是在自己都已經準備好的時候，再去談情說愛。即使對方的條件不錯，但在還沒有接納他的準備之前，並不想輕易地愛上一個人。

★天秤座

屬於那種愛了就算的女人。因爲接受了愛，而有了愛人的勇氣；要處在愛的氛圍裡，才會愈愛愈起勁。當愛情來的時候，會把自己打扮得笑容可掬，因爲自己知道，屬於自己的天空將會因此而更加開闊。

★天蠍座

只要周圍的男男女女一有什麼風吹草動，就會變得極爲敏感。許多時候，潛藏著自己那顆充滿愛慾的心，透過掌握自己身邊的人脈，企圖找到適合自己的理想對象。

★★射手座

愛情在歲末的時候，需要來場旅行。不會白白花力氣在找愛上，如果眞的當愛情來的時候，會很坦然地面對，既不會故作忸怩矜持，又不會一副小家子氣一定要對方先示愛，愛情是場田徑賽，熱完身就快拔腿跑吧。

★★摩羯座

把愛情當成是種生命的階段，覺得人生該做些轉變時，會透過愛來表現自我魅力。如果想愛的時候愛情還不來，並不會排斥以相親的方式找到眞愛。不過說眞的，魔羯座的女性對於愛是被動的，需要有人來帶領。

★★水瓶座

水瓶座女性，對於愛情有來沒來並不會有多大的感覺。即使這個月沒來，下個月沒來，以後通通不會來，也不會覺得怎麼樣；因爲生性博愛，懂得享受人群中的各種愛與情。

★雙魚座

對雙魚座女性來說，「做夢」總比「做愛」好，喜歡自己去設定一些關於愛情的情節，關於愛的對象，如果能夠用訂做的，自己一定會去訂做一個。

愛情絮語

男人用性征服女人，女人用愛征服男人。男人的愛情必須有性，男人用性來證明他對一個女人的愛，這是他們的本能。

女人不用性去征服男人，女人用愛。女人深明用性無法征服男人，男人也不會尊重一個在床上把他征服的女人，因為以床上功夫征服男人就等於取走男人的權力，但男人絕對不會喜歡被權力駕馭，而是喜歡運用權力、使用權力。

好女人用愛情征服男人，因此她們比男人明白愛情。她們明瞭性可以征服一個男人於一時，但愛情卻可以俘虜他一世。

性的反動

在男女平權的社會中，為何男性只准嫖妓？卻不准女性到牛郎店消費？

父權制的本質是男性統治，一切以男性爲尊貴，男性爲主，女性爲從屬或附庸。也就是使女性屈從或從屬於男性，或者將女性看做是有缺陷的男性，不完整的男性。換言之，在一般的社會或是家庭生活當中，權力是直接或間接地被運用來約束與壓制婦女的無形工具。在一般的國度與社會中，絕大部分的女性同胞從一開始就屈從於這個系統，習慣於此種模式，很難從此種觀點中跳脫出。即便是有女權運動

者，努力宣揚反制父權心態的不平衡觀點，希望得到公平的對待，使天秤的兩邊都能得到對稱與平衡。但這些往往都會被歸類爲異類，或是心理不健全，思想怪異，行爲離經叛道不足效法。例如女性同胞到牛郎店消費，即被歸類爲行徑乖張，違背禮俗，但從女性的角度出發，他們的行爲訴求並非無理。在男女平權的社會中，爲何男性只准嫖妓？卻不准女性到牛郎店消費？這是她們質疑的地方？但話說回來，女人這樣做到底是佔便宜還是吃虧？在身體的基本結構上，男人恐怕要佔便宜。

在身體結構與傳統禮俗教誨上，女性所受的限制遠比男性要多。在身體結構上，男性可以在風流一夜，享受肉體歡愉之後，留下風流種子就拍拍屁股走人。但女性就要承受禮教的譴責，甚至是接受男性遺留下的權力象徵，擔心與害怕懷孕生子。男性貪圖一時之快，女性可能要爲一時之快（甚至沒有得到高潮與快感）而自食苦果十月。算一算，在身體結構上，上天對女性是比較不公平的。但這並不意味著男性可以憑著身體結構上的優勢，到處胡作非爲，帶著「禍根」危害人間。當然，女性也不可以因爲不平等的結構待遇，而要求平等，進而主張「性解放」或「性革命」。畢竟到頭來還是自己吃虧。

在過去大家對於性愛的認知，總是認爲男性才是扮演主動出擊的角色，而女人多半是採被動與配合的姿態，那代表了男性的性慾較強嗎？還是男性的性能力較好呢？其實都不是，因爲長久以來的社會價值觀對女性性慾的壓抑，女性也將忽視自己的需求，視爲當然，甚至是把「性」拿來當作與男人交換幸福的籌碼。但近年來隨著性的開放，女性也敢於站出來大聲高喊：「只要性高潮、不要性騷擾」的字眼。

當然，今天社會上喧騰不僅是光碟偷拍事件，也讓我們得到了一些反思。在講求男女平權的現代社會，不僅是爭取工作上的權益，女性也應在其它方面爭取更大的自由度，以及更多的自主權，不單是性的自由度與自主權，若僅是如此，反而易落人口實，猶如爲不當的性行爲除罪化或是找藉口。因此，女性不可因要求「性高潮」而變得放蕩與淫亂，那絕對是背離女權主義者的基本主張，也不符合男女平權的女性主義想法。

愛情絮語

阿輝興奮地告訴父親，他打算與交往許久的女友阿珍結婚。父親聽說是阿珍，問明身世背景後，震怒地說：「妳不可以和阿珍結婚，因為她是妳同父異母的妹妹。」

阿輝聽了之後極為難過，想以輕生方式面對此一嚴重的打擊。這時母親安慰他說：「阿珍或許是你爸爸的女兒，但不管是與否都沒有關係，你們儘管去結婚，因為可以向你保證，你絕對不是你爸爸的親生兒子。」

Something About Love

第二章 愛情 vs. 期待

現代人談戀愛進展得比較快，表達方法也比較直接，
至於是否惹人非議，年輕男女並不在乎。
現代的愛情方式，從優點看來，不再扭扭捏捏、東藏西躲，
不再是心口不一，而是勇於表達自我的感受與想法，

禍水還是禍根？

性的平等對男人來說，已經被女性攻城掠地、蠶食鯨吞。

紅顏非禍水，然禍由「根」起嗎？雖然現今社會上各階層各角落的男人，大多數徒有男性象徵而無大腦，但一股腦兒將男女之事全往男性身上推，實在是愚蠢且幼稚的舉動。反觀在生物學中，體態、心智較雄性更爲進化的雌性人類們，空口談著追求女權還是「女男平等」諸類的話題，處處行事卻仍跳不出封閉守舊的「男女爭權」模式，糾結於男男女女的性別分際裡。早在打破男女不平等之前，就已淪陷在自己設下的天羅地網裡了，永遠爲「性」所困，無法突圍而有進一步的收穫。

性的平等對男人來說，已經被女性攻城掠地、蠶食鯨吞，以往不可觸摸的神秘禁忌地帶，已遭瓦解、攻陷。這對女人來說，無疑地是取得了勝利的一大步。

以往，男人只須說「我要」，女人也只能夠說「我給」；現在的女人不但能說「我給或是不給」，進一步地還能要求「我要」，更能表達「我不要」。其中所牽涉最重要的是，男女要有共識，不只是單方面的主動與需求，而是雙方都有權要求在平等的基礎上，對性的自主進行權力的鬥爭。

在西風東漸以及日益開放的社會影響下，許多e世代的新新人類逐漸迷失在這樣的洪流裡，或者順著情慾與肉慾恣意而行。他們挾著「只要性高潮，不要性騷擾」的口號與平等的基調，高舉「思想開放」與「身體自主」的堂皇大纛。實

際上眞正夠「成熟」，而且偶爾還會想起「責任」二字的人，只怕是少之又少；至於說到「貞操」、「聖潔」的人，早已被視爲是瀕臨絕種的稀有動物，恐怕須接受各種法令與規章的保護，免得滅絕。

過去一般誤認爲女性主義只要性高潮、製造動亂話題等，其實女性主義運動是對當前男女不平等的社會反抗。

尤其在一般大衆媒體中，女性經常被塑造成幾類刻板印象，不是楚楚可憐的弱女子，就是身材火辣的性感尤物。

「愛」可以是理想，也可以是現實，但「性」絕對是現實，根本談不上「理想」的層面。在男與女的愛情關係中，究竟是愛的成份，還是性的驅使？從古至今，不論東方或西方，好像沒有一套標準的答案，因爲任何人可針對其需要隨意地進行詮釋，儘量合理化其行爲，爲其想法找到宣洩出口。其實心裡還是有擺脫不了的禮教束縛成份，更怕他人以異樣的眼光看待。只要說的有理，振振有詞，即便是違背倫常與跳脫常軌之事，那些敢於向社會禮教、風俗挑戰者，仍然是勇往直前，以行動決定想法。但說歸說，事情的後果還是要考慮清楚。理想、口號與實踐三者，不宜劃上等號。

「性」可以有革命，愛情同樣會有革命產生。性的革命是解放，但性解放究竟是對誰好誰壞？以身體結構來說，吃虧的永遠是女性同胞，男人永遠是佔便宜。有人說，性的自主權被女性奪走了，是對男性尊嚴的侮辱，但性的尊嚴眞的有那麼重要嗎？或許有一群男人會在背後偷笑這些傻的可以的女人，說什麼性高潮，談什麼性自主，性關係中若缺乏男性，總是覺得不對味，到頭來還是男性佔優勢。

不過，愛情的革命可就不同了。情人若對對方不滿意，在強力鎮壓、脅迫的情況下，情人忍無可忍可是會揭竿起義，發動一次愛情的革命。愛情革命最明顯的行爲就是另結新歡。常聽人說「下一個男（女）人會更好」，不就是鼓勵情人革命起義追求更爲理想的情人嗎？我們不也常勸人，不必爲了一棵樹而放棄了整片森林，更美滿的幸福正在等著你呢！

每個人對各種事物都有不同的看法，無所謂對與錯，也沒有好與壞。有的是依感覺行事，有的完全按照規則。但愛情這回事，若加上對錯與好壞，只是限制愛情的自由發展，何況是好是壞，是對抑或是錯，完全是出自於個人對感情的價值判斷，也沒有一定評判標準。若有，也只是個人喜好與自由意志，若要強加在他人身上，那麼愛情就變得有規則，問題是規則該由誰來訂定？即便是訂定所謂的愛情遊戲規則，它能夠通體適用嗎？是否也能在任何社群或國度運行無阻嗎？這些都有待考驗與印證。

愛情絮語

舉世聞名的埃及女王克婁巴特拉（**Cleopatra**）與羅馬將軍凱撒（**Iulius Caesar**）、安東尼（**Anthony**）之間的戀情甚至影響了埃及和當時世界的歷史。托勒密（**Ptolemy**）十二世去世後，克婁巴特拉按父親的遺囑與親弟弟聯姻共同執掌權柄。由於姐弟反目，她決定借助羅馬帝國叱吒風雲的凱撒的力量。而凱撒出於鞏固統治和從埃及取得酬金的目的，也認為促成克婁巴特拉姐弟重歸於好是必要的。但當凱撒見到克婁巴特拉時，一下子被這位天姿國色、才華非凡的女人所傾倒，幫助她奪取了王位。後來，兩人通過凱撒制定的一夫多妻制而成為合法夫妻，並生下一子。

西元前四十四年，凱撒死於反對派的突襲之後，克婁巴特拉感到失去了靠山，轉而依靠羅馬「三巨頭」之一安東尼，用同樣的手段贏得了有勇無謀的安東尼，再一次使自己王位穩固。她與安東尼共生三子。然而在克婁巴特拉內心的天平上，王朝遠重於愛情，在「三巨頭」中的另一巨頭屋大維（**Octavian Augustus**）勢力超過安東尼後，她放棄了安東尼，使其慘敗。但是，年近四十的她並未打動屋大維的心，在軟禁中結束了傳奇的一生。

愛情的角色期待

現代年輕人的愛情是速食愛情，對於主動與被動好像也沒啥區分。

男女因在生理上的差別，故在進行某些行爲時，我們通常會以性別特徵去推論或猜測可能的言行與發展，亦即所謂的角色期待。在社會上每個人所扮演的角色不相同，個人對自我的角色期許也有差異，例如，擔任總經理者，我們會期望其言行舉止就像是位總經理，而不會希望他扮演一位販夫走卒，每個角色都被賦予既定的（可能是模糊的）刻板印象。

「自我認定」指的是自我認定其自我角色中最突顯的意義。「角色」指的是某些社會位置上的人們共同分享的規範；這些分享的意義系統使得角色扮演者與其互動對象能在其社會互動中維持互動的規律性與預測未來的行爲。角色無論是正式或非正式的，其內容都是透過協商而成的，只不過是非正式的角色內容有較多的協商空間。而這種協商的過程，及透過互動中的角色取代與角色創造的行動中將意義在自我、他人，與情境中傳遞。

角色的意義強調個體角色期望的配合與調整，無法針對性別關係中的權力與改變動力，同時忽略了社會文化及歷史的脈絡背景，更無助於社會文化的理解與改變。因此，簡而言之，性別角色意義的不足在於無法解釋性別關係中權力，不公平，及衝突的現象，光是假定公平無私的角色規範與期望，是不足以解釋性別關係的。

在愛情的角色扮演當中，男與女也有主動與被動之分。所謂「男追女隔層山，女追男隔層紗。」除非男性擁有足以主動吸引異性的優越條件，要不然都是男追女的情形較多，男性追求女性總是要花費千辛萬苦，而女性主動向男性示好，成功的機率有如探囊取物般。

不過，現代年輕人的愛情是速食愛情，對於主動與被動好像也沒啥區分。現代人談戀愛進展得比較快，表達方法也比較直接，至於是否惹人非議，年輕男女並不在乎。現代的愛情方式，從優點看來，不再扭扭捏捏、東藏西躲，不再是心口不一，而是勇於表達自我的感受與想法，不管戀愛談得成功或失敗，至少曾經盡心盡力過。

老一輩的人對戀愛似乎比較浪漫，有如慢工出細活般，嚴肅地對待，考量的也較多，深怕一不小心就出錯。找對象還得門當戶對，顧慮會不會失敗，會不會傷及自尊，但卻因而錯失的良緣不知凡幾。最後，不知有多少人只好靠「相親」結婚。相親結婚對某些人而言雖然具有正面意義，但它是一種「速食婚姻」，一種眞正的盲目賭博，如果有機會而不嘗試，非要等到他人來湊合、配對，基本上是對自我角色的否定，對愛情也毫無任何詮釋可言，只是一味地聽從他人的建議與安排。

緹絲黛（**Sallie Tisdale**）曾經寫過一本書，名爲《跟我談性》，其中寫道：「性經常在婚姻關係中被檢視，許多人以爲那是性唯一存在的地方……如果我們假定性的感覺只有在婚姻的規範中發生，那絕對是自欺欺人……其實性是複雜的、變動的、不忠的和不道德的。」因此，在傳統婚姻道德的箝制下，女人的慾望城國還是被男人宰制的。女性同胞在婚後只好利用更多時間打拼事業，更多金錢包裝打扮，用更多的精力嘮叨孩子，花更多心思瘦身減肥，藉以逃避生活上的不滿足。

不管女人再怎麼努力，她永遠是「第二性」，她必須軟弱、潔淨、順從，符合父權社會賦予她的形象，安於父權社會爲她設計的地位。就像奴隸制度中，「好主人」的神話一般，在男人的世界裡，也有「女強人」的假象。女人可以力爭上游，女人可以出類拔萃，但是再怎麼傑出，也不能脫離男人制定的遊戲規則。如果不聽話，公然向雄性權威挑戰，她就活該被撻伐，任何人都可以公開指責、辱罵，甚至審判她。因爲，她是所謂的「壞女人」。把時空轉換到十六、十七世紀的歐洲，這種女人，就叫做「女巫」。

父權社會即是一種獨裁式的社會，女性只有順從，屈服於男性的淫威之下。而對愛情的獨裁，彷彿是男性鞏固愛情的專利，女性不過是男性情愛關係眼中的奴隸與附屬品。

在這個社會中，男性與女性的愛情角色早已被定位清楚，任憑個人再怎樣努力，換來的只是個人的突破，但卻難以破除社會整體對性別的角色迷思。一旦破壞這個規則，他也將失去原有的舞台。

性別曖昧的身體在性別截然二分的文化中浮現時，往往引發極大的焦慮，因爲性別是社會權力結構得以安身立命的基本分野之一。傳統民間的跨性別反串故事，充滿了傳奇、冒險，但主角終究是安然返家，最後揭開反串者眞面目相認的時刻，總是充滿歡笑與驚喜的。不過，要是當年祝英台在杭城求學或花木蘭在軍中時，就被周圍的男性發現是女兒身，會有什麼樣的下場？結果可能就不會是那樣的驚奇了。

性別究竟容不容許被跨越？我們又能否顚覆愛情的眞實角色？隨著歐美同性戀結婚的合法化，以及「第三性公關」到處的串場表演，傳統的社會價値觀已經被徹底顚覆。當社會中的奇聞軼事一一出現時，人們的感官知覺已經被這類的大量資訊、新聞所麻痺，對傳統的觀念再也不是那樣的堅持，大家逐漸能以見怪不怪的心境接受這些獨特的現象。從某個角度看來，當我們習以爲常的接受這些怪現象時，性別的障礙已經被跨越，刻板的角色印象已被突破。這個社會變的什麼都可以，變的什麼都有可能，所以我們也不難理解，爲何超越傳統思維理解的怪異現象會一一出現。

愛情絮語

丈夫出海作業兩年之後才返家，發現妻子正在哺育一個剛滿月的嬰兒。丈夫氣急敗壞地問道：「孩子的父親是誰？是不是老王？快說！」

妻子內疚地回答：「不是。」

丈夫又問：「那一定是小趙的嘍？」

妻子還是搖頭。

丈夫不死心繼續問：「那一定是小張嘍？對不對？是不是他幹的好事？」

最後妻子瞪了丈夫一眼說：「為什麼都往你朋友的身上猜，難道我就不能有自己的朋友嗎？」

友情與愛情

友情是建立在喜歡的基礎上，而愛情則是建立在愛的基礎上。

有人說男女絕對可以成為好朋友，不一定就會發展出愛情。那是因為愛情與友情往往令人混淆不清。當然亦有人懷疑異性間能否有純友情存在。當然，強烈的愛慕與憾人心絃的感情很容易區別出來。然而，淡淡的，細水長流的愛情與推心置腹、無所不談的友情往往只一線之隔。我們無論對愛人或友人常會渴望與之親近，談天說地，寂寞時希望他會在旁讓你依賴。雖然有研究報告指出，女性較男性容易分辨友情和愛情。但無論男女，都會產生混亂迷惑。不讓自己攪亂「情人知己」，必要弄清愛和喜歡的兩項標準。要知道，喜歡並不等同於愛。

友情是建立在喜歡的基礎上，而愛情則是建立在愛的基礎上。喜歡和愛有什麼差別？早期的心理學家曾認為愛就是喜歡的極致，當你喜歡到極點的時候，就是愛。但後來經過一些資料的收集，作成問卷，去訪問那些戀愛中的男女，結果發現在他們的答案中，愛並不等同於喜歡的極致。在社會心理學的研究中，發現愛情有三個成份：佔有、排他和關心對方的福祉，這三個成份直接引申出來的表現就是思念。

愛情能否昇華爲友情關係？兩個互相欣賞、心靈相通的男女，爲何不去選擇理想的婚姻關係，而是硬生生地將愛情轉化成友情？說來難以令人置信。不過，愛情與友情只有一線之隔，但彼此間的界線也不是那樣的涇渭分明，還是有模糊與重疊的地帶。若眞能區隔友情與愛情，那麼社會上就不會有那樣多的桃色糾紛與花邊新聞了。

友情較容易發生在同性身上，良好的友情也容易變成手足之情。古代的劉備、關雲長、張飛等三人在桃園三結義，結爲金蘭異性兄弟，攜手共闖天下，留下千古美談的佳話。梁山伯與祝英台的同窗情誼，在眞相大白後發展成眞摯的男女之愛，如果兩人爲同性，那麼故事的結局就不會那麼令人惋惜與動容。

友情關係也容易發生在男女雙方或有一方已經有了實質的婚姻關係後，但基於理智、法理與風俗道德的考量，他們在不得已的情況下作出了這樣的選擇。這是較爲成熟與理性的作爲，但溢出道德範圍之外，還是無法見容於社會，除非雙方已經結束現有的婚姻關係。

愛情絮語……………………

甲乙兩個大男生在討論有關「花木蘭代父從軍」的事情……

甲覺得相當不可思議，所以不以為然地表示：「花木蘭既然是個女的，她在軍中跟一群男人日夜相處，一起穿衣、吃飯、洗澡、睡覺，其實她真正的身分很快就會被拆穿發現的。」

乙老神在在的說：「大白痴！你想那些男生有哪個會願意犧牲福利去檢舉她呢？」

甲……

體能與性能

性的歡愉，是人生最大的享受之一。

壯碩身材所代表的是健康的身體，是安全的保障，同時也是良好性能力的象徵。乾癟瘦弱的身材，在外觀上看來鐵定是營養不良，一副弱不禁風的樣子，這種男性除非具有幽雅高尚的內涵，或是忠厚老實的個性，否則難以獲得女性的青睞。絕大多數的人往往以第一印象決定一切，體態也因而顯的重要。

傳宗接代是人生的大事，中國特別重視成家立業，所謂「不孝有三，無後為大」，男子婚後若無法得子，會受到責難與譏諷。在全民皆兵的年代裡，男性若為經過軍中生活的鍛鍊，通不過體能的測驗，會被懷疑身體有缺陷，女方在交往前也會探聽男方是否曾服過兵役，以得知其身心健全與否。身強體壯常與生育能力劃上等號，身體愈強壯代表生育繁殖能力愈強，以現代年輕人的觀點來說，也就是性能力愈強。在許多的藥品、食品廣告中，經常誇大其產品的效用，能增強性能力，讓女人覺得幸福。因此，我們也不難發現，身強體壯對擇偶的重要性，骨瘦如材，體弱多病者，其能力是會受到懷疑的，不僅性能力遭受質疑，就連養家活口所需的基本體能也會令人擔憂。

強壯的體格也是男性吸引女性的利器，例如，午夜牛郎，要當上午夜牛郎滿足女性客戶的需求，除了外表俊美、體貼等條件之外，體格亦爲必備條件，女性消費者總不會花錢選擇身體看似有殘疾或缺陷者吧？當然是愈壯碩愈好，因爲使人充滿較多的遐想空間。

性的歡愉，是人生最大的享受之一，上天造人，要他們繁衍後代，以性的快樂作爲一種獎賞。但事實上並不是每一個人都能享受到這種上天的恩賜。因此，當我們對一位異性產生興趣或愛上某個異性時，希望彼此有身體上的接觸。在眞實的愛情生活裡，這種慾望是永遠存在的。性衝動並不單單只是性交行爲，它還包含了許多其它親密的身體上接觸，譬如，牽手、擁抱等等，這種情感會永遠都存在愛人的心裡。

男人把這種功利主義的觀點也會拿到做愛中來，在他們的意識深處，做愛的價值就在於達到性高潮，取得快感，所以做愛時就應該通過最有效的途徑朝著這個目標前進。就像開汽車一樣，只要不肇事闖禍，開得越快越好，亂兜圈子是不值得的。有了這樣一種心理，男人在做愛時就會顯得匆匆忙忙，好像趕火車一樣，深怕錯失了搭車的時機。他們也知道要對妻子進行愛撫，但同樣是出於功利主義的目的。在愛撫的同時，心思已經跑到那件事上去了，心中只想將念念不忘的事情趕緊做完。因此，事前愛撫尙且如此，事後溫存就更加馬虎了。在他們看來，這簡直是多此一舉，浪費時間。事情已經完了，爲什麼不早點睡覺呢？因爲隔天早上還要起來上班呢！

所以在轟動一時的光碟偷拍事件後，在男女間流行的話題之一是，雙方的性行爲能否像他們那樣持久？大多數的男性是否會因爲看了光碟片之後而感到自卑？在伴侶前面抬不起頭，或者是被冷嘲熱諷？講求功利是及時行樂的想法，這種情況無法持久。若要持久，恐怕還是得要努力踏實的耕耘，揠苗助長反而容易得到反效果，也破壞了婚姻關係中的愛情成份。

愛情絮語

男生感到窩心的事：

- 在朋友面前很給他面子
- 像小孩子般對他撒嬌
- 對他很放心，不要一天到晚疑神疑鬼
- 常稱讚他的優點，把他當成妳的英雄
- 親手做一些點心或小禮物，讓他的朋友羨慕
- 穿著他喜歡的衣服樣式，做他欣賞的打扮
- 聽他說話時，會一副很崇拜他的樣子
- 就算有別人追求或看見帥哥時，都會說他比那些人棒多了

做到這些，想變心都難，因為這樣的女孩不好找了。

愛情絮語

男人往往把工作上的拍檔與生活的伴侶分得很清楚，所以，他會喜歡與女強人合作、同時愛上溫柔的女子，跟前者喝酒和後者飲茶。

相愛時，男人把女人比作星辰、飛鳥、天使等等與天空有關的事物；恩斷情絕時，男人把天空據為己有，把愛過的女人放回到地面上去。

虛擬戀情

在虛擬的網路世界裡，沒有現實世界的殘酷愛情。

由於網際網路的發達，徹底顚覆了現代的愛情觀。在以往以男性爲主角的父權社會中，養小老婆、包二奶被男性視爲時有耳聞的正常情況，男人上酒家找女侍陪酒交際應酬，更是理所當然。但科技的快速進展，愛情也隨著改觀。

麥當勞等西式速食的全球迅速擴展，意味著資本主義的文化道德觀同樣潛移默化地腐蝕東方世界的文明。麥當勞號稱他們所販賣的是其它地方都買不到的歡樂，特別是他們所給予孩童們的成長歡笑。那麼網路愛情究竟給予現代男女什麼樣的感受呢?是否也是傳統愛情中所缺乏的成份呢?還是傳統愛情世界裡找不到的心靈與精神刺激?

在虛擬的網路世界裡，沒有現實世界的殘酷愛情，任何人都可盡情宣洩心中的情感慾望，不用負任何責任，也無道德禮教的束縛。任何人在這個世界中都是平權，男性可以僞裝成女性，窺視其它女人的心態，瞭解女性的心理動機；女性也可假裝成男性，顚倒女性在感情世界中的被動角色。不過，網路終究是虛擬的，其中眞實成份含有多少，也是令人懷疑。

網路的發達，訊息傳遞的快速，網路世界裡的愛情故事與話語千奇百怪，也難怪到處充斥著網路援助交際、網友、網交，甚至是玩票性質地在網路上「養男人」或「養女人」。反正在現實世界中做不到的，通通可以在網路世界中逐一實踐，比起眞實世界的驚人花費，或是相對的風險與阻礙，網路的經濟耗費實在是節省多了，成功的機率也高，更不用面對情人無理取鬧般的頤指氣使，低聲下氣污辱身爲人類的基本尊嚴。

因此，在網路上養個男人或女人玩玩，感覺起來似乎很前衛、跟得上時潮流，好像是對既有權力結構的一種反攻，對某種意識的張揚。但「性」不單是個人私密的人際關係，更不只是床上的情慾橫流；更是一個公衆議題、一種權力關係、一套政治手段。

在網路上感覺對了，聊得深入了，雙方就會約定見面，有某種的期待與幻想，如果相談甚歡，氣味相投，滿意的話還可以來個網路「一夜情」。但也有碰上爬蟲類的不愉快經驗，因爲在網路上大家都盡可能地僞裝、矯飾，人人都宣稱自己是帥哥或美女，結果見了面才知道對方是眞正的「恐龍」或「蜥蜴」，不僅大失所望，反而成爲揮之不去的夢魘。

曾經有位男子在網路上交了女性網友，對方自稱姿色出衆，身材標準，條件優異，讓這位男子充滿無限的遐想，以爲交上了傾國傾城的絕世美女，樂的到處宣揚，直說結交網友的好處。平日的書信往返與網上交談，使得雙方的感情越陷越深，愛到了無法自拔的境界。日子久了，情也濃了，於是雙方相約見面，一解相思之苦，無奈雙方見面後，神秘的面紗也揭開了，並非如預期想像男的是俊男，女的是美女；相反地，男的是癩蛤蟆，女的也非天鵝，而是不折不扣的恐龍，體型與身材有如「小象隊」成員，氣的男主角直呼上當，猛喊受騙。原本的春秋大夢到頭來竟是夢幻泡影，誰叫這樣的情節懸疑，劇情發展竟是如此的高低起伏，期望與現實落差過高。

愛情絮語

我愛你　是口誤
我願意　是筆誤
結婚　更是種錯誤
生小孩　那是失誤
離婚　總算是覺悟
離婚又再婚　你真是執迷不悟
結了婚又有女朋友　是尤物
沒結婚又沒有女朋友　是怪物
享齊人之福　是大人物
祝有情人終成眷屬　那是多麼痛的領悟
自作多情　你只是別人的障礙物
不解風情　活像是棵植物
百依百順　是乖乖的寵物
看破紅塵　是頓悟

鞏固愛情

對男人來說，性愛是一個衡量愛的尺度。

一般的情況裡，我們依舊習慣以雙重標準看待男女釋放情慾追求的過程，男性婚外情較能被社會大眾所諒解，如港台某位著名的武打男影星以一句「我做了一件全天下男人都會犯的過錯」將不忠於配偶的事實輕鬆帶過，繼續他光彩奪目的影星生活，社會大眾（包含他的影迷們）也不太會去計較他所犯的過錯，他們會很容易地就原諒他，並將此事逐漸從記憶中淡忘，而女性往往陷入孤立無援的困境。

當一個男人被他的女人拒絕發生性關係之後，他就會認爲這個女人不再愛他了。對男人來說，性愛是一個衡量愛的尺度。男人用性愛與女人接近。男人在任何時候都傾向於有計畫，有層次地考慮事情。這就保證他們不易受到傷害，也使他們能夠有效地控制感情。他們處於一種對感情近乎麻木的狀態，性愛使他們從這種恍惚狀態中解放出來，給他們一個做自己想做的事情的機會。他們總是認爲，只有擁有了性愛，男女關係才會眞正的開始。很多男人把性愛視爲一種接近女人的方法，甚至是一種令女人愉悅的方法。

男人追求女人的目的在於確定關係，而通常在追求的過程中，男人是將女人放在第一位，也會表現出自己最好的一面，以求芳心；但只要關係穩定，追求的活動就會減緩，甚至停止，頓時從高峰跌到谷底。無怪乎有人會說，男人的浪漫始於一見鍾情，止於互訂終身。女人願意接受男人的追求是因爲感覺很好，而唯有持續好的感覺，女人才可能決定關係。一旦好的感覺不再，關係也就不再了。因此，女人的忠貞始於互訂終身，止於心灰意冷。

有人說，男人生就要爲女人撐一把庇護傘，爲女人撐一方永無委屈的天空。女人雖然渴望庇護，但女人通常只停留在內心思念而不再前行，她們把這些事留給男人，殊不知主動地尋找庇護遠比被動地接受庇護要美麗得多。對女人來說，追尋自己的庇護傘，要有勇氣，也要有力量，堅持到底，就是勝利。女人尋找庇護，有時既不需要約會，也不需要創造機會，有一種十分自然地溝通，甚至不需要表達愛，這樣的愛情，往往是會庇護女人一生的愛情。

男性會對愛情採行獨裁的手段，無非是想要鞏固已經獲得的愛情。從社會新聞當中我們常見，較具獨裁傾向的男性，往往對兩性關係使用暴力方式加以確認。為了挽回妻子、同居女友、女朋友的人，不管她眞實的心意為何，手段總是相當激烈，甚至不惜同歸於盡。駭人聽聞且釀成不幸悲劇的暴力手段，時有耳聞，現今則是有愈來愈常見的趨勢。在選擇對象或者準備與另一半踏入婚姻殿堂時，不得不慎重考慮。

時下的年輕男性在談論愛情經驗時，經常以棒球的跑壘數來形容愛情關係的進展，例如，一壘代表牽手，二壘代表接吻，本壘則是形容已經攻城掠地，發生了親密的性關係。

對男性而言，希望情愛關係能夠在瞬間突飛猛進，最好是一次就擊出全壘打。性關係似乎是愛情關係更進一步的確認，是心裡面安全感的滿足，也是彼此關係鞏固的象徵。好

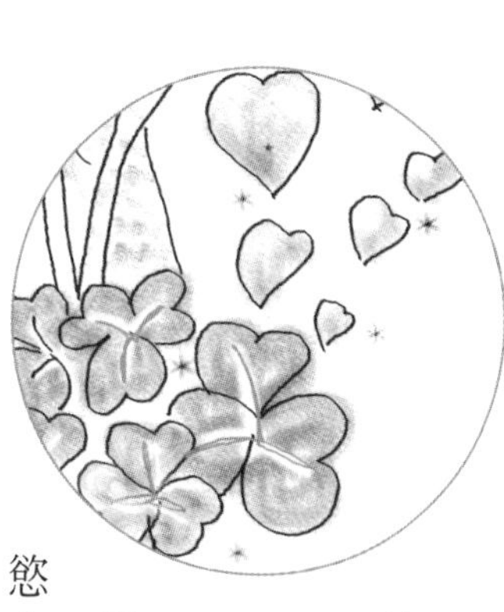

比商人講求的是利潤，眼睛重視的是市場，非得要金錢落入口袋，或者是進了銀行帳戶中，才能得到安全感，心裡才覺得踏實。也像政治人物一樣，一定要牟取某些功名利祿後，才會有掌握權力的優越感與滿足慾。其實，愛情與政治在某些特徵上是相似的，在追求的過程中，手段、方式，以及心理狀態也都相仿。當然也有例外的情形出現，但並不多見。

「人生可以因失敗而受傷，但不能因懊惱而嗟歎！」在看準目標後，記得先試著做朋友！但不可莽撞，要計畫行事，技巧和風度也是很重要的。追求是一門學問，但愛情路上的追求，可不能是「你追我跑」。不管是男追求女，或者是女追求男，千萬要睜大眼睛認清對象，揭開對象的神秘面紗，讓眞實的本色還原。愛情是一輩子的，婚姻幸福也同樣重要。因爲在愛情的路上充斥著僞裝、欺騙與言語的誇飾，

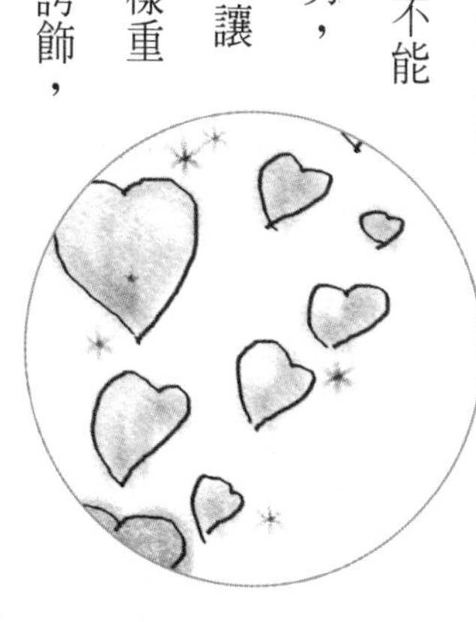

一不小心你就會掉入愛情的陷阱裡頭，成了另一個人的獵物。

愛情絮語…………………

二十歲的愛情是「日用品」
三十歲的愛情是「消費品」
四十歲的愛情是「陳列品」
五十歲的愛情是「奢侈品」
六十歲的愛情是「救濟品」
七十歲的愛情是「違禁品」
八十歲的愛情是「十全大補品」

Something About Love

第三章 愛情VS.誘惑

愛情與權力的影響力無遠弗屆，

相對地它們都有迷人的地方，才會使得大家不斷地追逐。

有人說，愛情像是洪流巨浪，在極短的時間內侵佔與擄獲男女的心，

一旦被愛情的波浪淹沒，接下來便是無止盡的付出，

目的就是為了再次嘗試那波瀾壯闊的滋味。

愛情的野花

女人偷情是為了短暫的刺激與滿足，是追求第二碗酸辣湯。

如果政治是眞的爲民謀福，那麼愛情是不是也要讓自己活得更好，就如同政治需要政黨輪替，愛情也是一樣，明明身邊的人不適合自己，硬是抱殘守缺，活在過去。就算是政黨輪替不見的符合你心中對政治的期待，下一個男人或女人也不見的會更好，可是目前就是不好，要不要改？如果愛情的意義是每個人在追尋自己失落的小小肋骨的過程，目的也只是要讓自己的生命更完整，可以換爲什麼不換？倘若政治是場豪賭，愛情又何嘗不是，誰敢打包票王子和公主會從此過著幸福快樂的日子？

絕對的權力使人絕對的腐化，愛情同樣也會隨著時間的改變而慢慢褪色、變化，當支持的政黨不再符合自己的理念，還談什麼忠貞？而愛情不再是愛情，只剩下怨懟甚至暴力時，留下婚姻的空殼又有何意義？

就像政治不是歷史，是現在進行式，愛情也不該是歷史，而只活在過去，分手的理由不論爲何，對目前的你又有何意義，勉強說只是「歷史」能鑑往知來，還是得活在當下，爲什麼還要繼續活在過去折磨自己？

要順利當上愛情的執政黨，就必須具備甚至培養某些特定的能力與條件，以便在愛情的選舉中取得優勢，擊倒對手，順利登上權力之寶座。政治是殘酷、現實的，理想的成份不多，愛情有時候也是如此。但無論是現實或理想，具備一定的能力與條件，比較容易在政治或愛情中取

得勝利。

男人想當女人的初戀情人，女人則想當男人的最後情人。女人姣好的長相是使男人迅速墜入情網的導火線，男人的甜言蜜語使女人樂於跳入愛河。男人熱戀時有用不完的聰明，女人熱戀時卻變的極度愚蠢。男追女隔層山——難，女追男隔層紙——易，然而在實際生活中，男人往往能追到他喜歡的女人，而女人卻常常得不到她所愛戀的人，因爲男人不怕翻山越嶺，女人卻怕傷了指頭。男人偷情是爲了換口味，吃了酸的想再嘗嘗辛辣的。女人偷情則是爲了短暫的刺激與滿足，即是追求第二碗酸辣湯。不過男與女各自要擁有怎樣的條件，才能在愛情與政治中獲得利益呢？

因此，大老婆不會甘願與老公的情人或小老婆共同分享他的良人，因爲她名正言順，她理直氣壯。但若要保有老公的心，又要能坐穩位子，她會想盡辦法結黨營私，先委曲求全，再與第三者連成一體，沆瀣一氣，謀定而後動，這是較高明的策略。但是金錢與權力的慾望是個無底洞，永遠不會有滿足的時候，既然無法滿足又怎會輕易將之與他人分享，這簡直是癡人說夢話，根本是天方夜譚。除非他另有所圖。所以即使是親如姊妹，也難以共事一夫。

一則有趣的故事如此描述：

一對夫妻結婚多年，但為人丈夫者卻貪圖老婆姊姊的美色，只是苦無機會與之親近、交往。好不容易終於等到大姨子離婚了，湊巧大姨子離婚後在他家附近租屋而居，使得他近水樓台有機會加以追求，於是兩人暗通款曲，之後也發生了不可告人的親密關係，也因此擁有了愛的結晶。男的趁機將小孩的戶籍登記在自己名下，後來東窗事發，所有情事都被元配夫人妹妹知道了，元配為保有良人，又不至於與親姊姊反目成仇，因而在丈夫的極力慫恿與如意算盤下，同意姊妹兩人共事一夫，讓男的大享齊人之福。為了不讓姊姊獨佔良人，因此姊妹兩人協議每週分享良人三日，週日公休。無奈丈夫比較喜歡貌美的姊姊，一天到晚跑到姊姊房裡與之同眠共枕，破壞兩人先前的君子協議，妹妹因而醋勁大發，怒而狀告法院，指控姊姊妨害家庭，姊姊自知理虧而遠離。

主客易位

身體政治不但重塑了政治，也使得女人的性反客體為主體。

自古希臘開始，政客的口才就是群衆政治的必要條件，現在則又多了身體性魅力的條件，這個變化其實對女性從政更爲有利，因爲女人通常比男人更用心經營身體，而不像男人的身體僵硬呆板。女性在政壇上的迅速崛起，除了她們本人的口才和能力外，其身體操作了媒體時代視覺的「性」政治，其裝扮舉止的情慾內涵與其政治影響力合作無間，絕對都是重要因素。這種身體政治不但重塑了政治，也使得女人的性反客體爲主體。掀開性別的權力迷思，破除女性獲取權力的禁忌。

一直都有一句話：「男追女，隔層山；女追男，隔層紗。」倒不是因爲字面上意思代表著女追男比較容易成功，而是在這個年代的女孩子，已經不是被動地等著男人來追求了。也許是時代變遷吧！如今的女孩子再也不能以過去「女子無才便是德」當成衡量的標準，因爲，愈來愈多的女孩子踏出社會，在自我的工作崗位上嶄露頭角。也因此，女性的思考自覺能力漸漸開發，不再是那麼羞怯地等著男孩子來表白、追求。雖然自古以來，總是說女孩子要含蓄、要矜持。然而，主動追求自己喜歡的男孩子，就代表不含蓄、不矜持了嗎？與其這麼說，不如說，這樣的女孩子對於自己所喜歡的東西，有著比他人更強烈的執著，也比他人

更積極。

女孩子都渴望被熱烈追求、渴望被呵護，然而，如果苦苦守候也盼不到心上人示好，是不是就甘願這樣錯過呢？如果心上人是個害羞又內向的男孩子，是不是要等到白髮蒼蒼時呢？基本上，如果眞的那麼那麼喜歡一個人，不妨主動一點吧！就當是給自己也給對方一個機會吧！也許告白的話羞於啓齒，也許怕被拒絕而難堪，也許更怕最後連朋友都做不成，那麼，聰明的女孩子可以多製造一點相處的機會，也許在聊天的過程中明示、暗示都行，總之，無須再癡癡地盼望著對方主動。

主動並沒有什麼不好，只要妳挑對了人，兩個人最後也能夠幸福地過日子，那麼，又何必在乎當初是誰追誰呢？就算告白失敗了，就算最後戀情落得個分手的下場，那又如何呢？至少，在一開始，都是因爲自己喜歡而作出的決定，不是嗎？人生，就像一場賭注。既然是賭博，就一定有輸有贏。贏了自然開心，輸了也無須氣餒！只要認清自己想要的人生、想走的路，自然就可以抬頭挺胸地邁步向前行。不主動機會就會白白流逝，機會它不會自己主動找上妳，但他卻會在那兒等待妳，妳不主動去找它，它永遠不會變成妳的。擁有主動積極想法的女性，機會自然要比被動的女性來的多，成功的機率也自然提高。

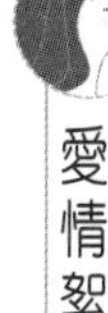

愛情絮語

浪漫式：將戀愛理想化，強調形體美，追求肉體與心靈合而為一。

遊戲式：只求個體需求的滿足，對其所愛者不肯負道義責任，因而容易更換對象。

佔有式：對所愛的對象，付予極強烈的感情，希望對方以同樣方式回應之；對其所愛，具有極度佔有慾，對方稍有怠忽即心存猜疑妒忌。

伴侶式：由友情漸進成戀愛的一對。在戀愛中，溫存、信任多於熱情、妒忌，是一種平淡而深厚的愛情。

奉獻式：相信戀愛是付出，不是收取的原則。甘願為其所愛犧牲一切，不求回報。

現實式：將雙方的戀情視為生活的應用，但求雙方彼此現實需求的滿足，不求理想的追求。

女兒第一次將男朋友帶回家裡，父親在客廳裡迎接他們，陪著女兒和男朋友，天南地北的聊著。

父親問女兒的男友：「你喜歡打球嗎？」男朋友回答：「不，我不是很喜歡打球，我大部分的時間都用來看書，聽音樂。」

父親繼續問：「那喜歡賭馬嗎？」男朋友：「不，我不賭博的。」

父親又問：「你喜歡看電視上的田徑或是球類競賽嗎？」男朋友：「不，對於這些有關競賽性的活動我沒什麼興趣。」

男朋友離開後女兒問父親：「爸，你覺得這個人怎樣？」父親回答：「你和他做朋友我不反對，但如果你想嫁給他，我則是堅決不贊成。」

女兒訝異的問：「為什麼呢？」父親：「一般人養黃鸝鳥，絕不會將黃鸝鳥關在自家的鳥籠裡，主人會帶到茶館，那兒有許多的黃鸝鳥。這隻新的鳥兒，在茶館聽到同類此起彼落的鳥鳴聲，便會不甘示弱，也引吭高歌。這是養鳥人訓練黃鸝鳥的訣竅。」

女兒問：「這和我的男友有什麼關係呢？」

父親：「養鳥人刺激黃鸝鳥競爭的天性，來訓練黃鸝鳥展露優美的歌聲，若是沒有競爭，這隻黃鸝鳥可能就終生暗啞了，不能發出任何叫聲，主要是因為，沒有其他的鳥兒來與他比較。」女兒似有所悟地點點頭。

父親繼續道：「你的這一位男朋友，經過我剛剛與他的一番談話，發現他既不運動，也不喜歡運動，也不喜歡賭博、球賽，排斥一切所有競賽性的活動，我認為，像這樣子的男人，將來恐怕難以有所成就，所以反對你嫁給他。」

太多人因為恐懼失敗，而不願意參與競賽，透過黃鸝鳥的啓示，我們終於瞭解，原來競賽的重點，不在於勝負，而在於每一次投入，都能讓自己更加成長。

性驅力與性的地位

愛應該建立在實際的行為上，而非建築在抽象的言語中。

心理學在研究人格成長的問題時，曾發現一個顯著的事實，那就是一個人孩童時期的生活經驗與學習過程，決定了他的人格之形成。生活經驗與學習過程必發生於文化或社會的情境中；因此，一個人的人格，或多或少必然受到他依附的文化及社會所影響與決定。部分學者認為，人格與態度在程度上也許不相同的，態度是人對於追求的目標或待決的問題所表現的傾向，如信仰、固定的行為模式、情感傾向、政策或行動的定向，都屬於態度。佛洛曼（**Lewis Froman**）則將態度界定為：「一個人的先存傾向，他根據這個傾向對他周圍的世界的某些方面評定其好惡，也就是說，態度是贊成或反對、喜歡或討厭一些社會事物或自然事物的先存傾向。」

如上所述，行爲是由根深蒂固的特質所造成的，而這個特質通常在幼年就形成了，如敵對、順從、剛直。一個或一個以上之基本需求或驅力，是人格發展之原動力，如佛洛依德談到的「性驅力」。人們情愛行爲之起因，也許不是對目標和策略有意識的計算，也不是受到最近習得的態度和意見的影響，或許是於幼年即已形成，而終其一生均保持不變的愛情人格特質。愛情雖然是後天的產物，但也可能受制於人類先天的心理或人格特質。

其實男人追求權力的過程，猶如談戀愛的過程一樣，同樣有著理想與實際面，只是大體上來說政治的理性面要高於現實面，而愛情的理想多過於實際，但愛情終究要面對實際的人生，談情說愛的理想並非每個人都能體會。但愛情的實際面，卻往往將每一對戀人壓的喘不過氣來。以政治來詮釋愛情的實際面，最恰當不過了。

金錢、地位、名譽幾乎是男人生命的全部，沒有了這些，許多男人就認爲自己的生命毫無意義；而感情在女人的生命裡具有同樣的地位，沒有了愛與被愛，生活於女人也同樣沒有什麼意思了。我們恨對方，我們就摧毀他（她）最在乎的東西；我們愛對方，就願意把自己最在乎的東西奉獻給對方。

女人如果愛一個男人，就奉獻她的心靈、身體、勞力。那種愛在金風玉露一相逢便勝卻人間無數的體驗裡，在她溫柔的眼眸注視裡，在她無怨的等待裡，在她爲他洗的襯衣裡，在她給他泡的熱茶裡，都可以看見愛的影子。男人如果愛一個女人，當然是娶她，讓她與自己榮辱與共、風雨同舟；假如不能娶她，當然就是給她錢花，把他正當投資之外的全部投資給她。

僅有少數的初戀情人就是彼此相伴終身的對象，你可以爲戀愛而結婚，但不可爲結婚而戀愛。男女在一生當中，最喪失理智的狀態便是「戀愛」。因爲戀愛不分季節，談情說愛時，難免失去判斷力與理性，因而作出對自己沒有保障的行爲。你可以把初吻獻給你值得記憶的人，不一定是終生伴侶，但是不要輕易將自己的身體當作愛情的關係來維持。不少的愛情進展神速，由接吻到發生性關係其中過程才幾個月，有的甚至幾天或數小時不到。愛人與被愛兩者之間無形中就已經產生了負擔，由性愛建立的愛情是毫無保障可言，而且也不可能恆久。

愛應該建立在實際的行爲上，而非建築在抽象的言語中，只有以正當行爲表現的愛，才是有生命的眞愛。愛情的快樂不能建立在激情中，在擁抱中的愛情很容易告終，愛必須先要有體諒與容忍的特質，要先保護自己愛自己，再愛對方。男人的愛情淡，但愛的對象多，女人的愛情烈，但愛的對象少。顯而易見，女人在感情受傷害較男人爲多爲苦。

愛情是女人的全部，卻只是男人的一小部分。在男人的世界裡，整天沉溺在浪漫愛情裡的人是沒出息的，因爲男人的成就是來自於事業的發達與社會地位的提昇，而不是靠另一半的依賴，至於感情只是消除自己孤寂的慰藉而已。但女人生命的原動力，則是來自她的另一半全心的疼愛，爲此女人會願意爲他做出任何犧牲，而工作不過是賺取薪水不致與社會脫節的活動罷了。所以女人常失望於男人無法將她擺在第一位，非但次於事業，有時還次於朋友，而男人則受不了女人一天到晚要他證明是愛她的。其實不論男女，對愛的渴望都頗爲一致，只是男女所特別重視的以及所特別需求不盡相同，如果無法滿足雙方的需求，那麼爭執和誤會一定是無可避免的。一般來說女性比較注重關懷、瞭解、尊重，而男性則是喜歡受到信任、感謝及接納的需求。

愛情絮語……………

動機的成份：愛情行為背後的動機，性驅力是原因之一。此外，異性間的身體容貌等特徵，亦是其中的因素。兩性間是以親密維持其關係的。

情緒的成份：由刺激而引起的身心激動狀態。有喜、怒、哀、樂、懼、愛、惡、欲之成份，而其中以愛、欲二者表現較明顯。兩性間的關係是以熱情為主。

認知的成份：是愛情行為中的理智成份，是一種控制因素，即對動機與情緒成份做適應、調節。兩性間的關係是以承諾為主。

愛情絮語……………

婚姻是人生裡最大的一場賭局。在這無限長的時間裡，我們還要互相呈現最醜陋的一面給對方看。婚姻和戀愛不同的是：戀愛可以花二個小時打扮自己，精神奕奕的向對方獻殷勤、體貼，輕鬆完成任務。可是婚姻就無法隨時維持高亢的狀態。所以，婚姻是一場大賭注，需有萬全的準備、周詳的計畫、十足的信心，然後再去押它一把，即使是這樣都還有可能輸掉。因此如果在賭之前，就知道自己不是心甘情願、不是很愛他、並不想跟他過一輩子，那麼這一場賭注註定是要輸的。千萬不要為了愛情之外的任何一個理由結婚。

愛情的誘惑

若以權力及愛情相比較，愛情的魔力似乎略勝一籌。

從人類整個歷史來看，更能體會到性對人類的影響力。古人道：「不愛江山愛美人」、「傾國傾城」的確有其道理在的，換言之，女性因期望性而更快樂、美貌與健康，男性可因爲性愛而放棄權勢、地位或毀了名譽，從古至今歷史或傳記文學都有經典故事流傳。

這主要是因爲，人類絕大多數是因有「情」而相互吸引產生「性」，而這種「性」的吸引力可大到改變整個國家，特別是重要的政治人物，可因爲性而被批判、下台，例如，美國某位性好漁色總統的緋聞案；也可因爲性而突顯自己的能力，比方拿破崙、希特勒的特殊性癖好。根據統計，男性的性需求愈強烈者其侵略性愈強，更彰顯出自己的強勢及地位。

愛情與權力的影響力無遠弗屆，相對地它們都有迷人的地方，才會使得大家不斷地追逐。有人說，愛情像是洪流巨浪，可以在極短的時間內侵佔與擄獲男女的心，一旦被愛情的波浪淹沒，接下來便是無止盡的付出，目的就是爲了再次嘗試那波瀾壯闊的滋味。權力也有誘惑人之處，要不然怎會有「絕對的權力使人絕對地腐化」之形容詞句。

女人會選擇條件比她強的男人，不是因爲虛榮，而是，女人的愛情，建基在欣賞以及仰慕之上。女人的愛意，緊隨你與她的完美溝通中展開，只要你令她覺得，你能進入她的內心，女人從此便會把一個最獨特的內心位置奉獻給你。所以，女人的愛情是用耳朵聽的。

女人是這樣的，當她對一個人動了情慾之後，她的心便會向他，如果發生了關係的話，她下一步需要的，就是一個愛情的承諾。女人，在與男人發生關係後，她就迷惘了，她會一口咬定，他就是自己的眞命天子。之後，她的眼睛就不再有能力看得清楚男人的爲人。女人的承諾，不是甜言蜜語，而眞是一種肯定。當女人向自己作出承諾時，她眞是有心要做得到。承諾對於女人來說，不是任何束縛，而是一件極美好的事。男人會以承諾作爲一次的信口開河，爲的是加深浪漫的情調，但女人看承諾，就是一件認眞的事並嚴肅對待，如果做不到，女人是會哀傷的。

不過話說回來，權力與愛情的影響力不容忽視。愛情可以使君王放棄江山「傾國傾城」，也同樣可以揮動千軍萬馬攻城掠地，爲的只是搶奪絕色美女，或是討美女的歡心，歷史上不乏這種史實。若以權力及愛情相比較，愛情的魔力似乎略勝一籌，愛情可以是獲得權力、玩弄權力的工具，但以權力獲得的愛情往往無法長久，也容易被他人以權力奪回。

愛情可以使正常的男女失去理智。爲了挽回愛人的心，情人們總是使出渾身解數出招。愛上不該愛的人，可能會同歸於盡。在美國有位就讀大學研究所的白人男子，迷戀上一位已婚的華裔女同學，男的爲她神魂顚倒，爲她如癡如醉，但始終無法得到她，爲免除這種得不到的痛苦，爲一勞永逸地解決這種不當的舉措，他選擇同歸於盡，開槍射殺了這位女同學，然後舉槍自盡，留下的是一臉錯愕且不知情的女同學的丈夫。

愛情絮語

小華騎機車載著新交的女友阿美一起到山上欣賞美麗的夜景，到了山上之後，已經進入深夜，但天候也開始轉涼了，不過，小倆口仍然是甜甜蜜蜜幸福地相互依偎在一起。

過沒多久，阿美想要測試小華的反應以及體貼度，就說：「小華我覺得山上的天氣好冷，全身都快發抖了。」小華回答說：「對呀！我也覺得天氣實在是滿冷的。」

阿美接下來說：「早知道應該多帶一件禦寒外套上山，就不用擔心天氣便冷的問題。」

阿華看著自己身上穿的外套說：「幸好我有多帶一件外套，不然真的是冷斃了！」

最後，只見阿美又氣又無奈的哀怨表情，同時牙癢癢地望著呆若木雞且不解風情的男友小華。

戀棧權位

「一對一」的情愛關係在近一兩千年的歷史中相當活躍，但它也總是相當的模糊。

在中國古代，雖然一對一的婚姻被重視，但男人若是有權有錢，可以納妾，可以寵愛名妓等，更不用說王公貴人了。所謂的「一對一」，也許是針對安慰女人而說的。所以，雖然「一對一」的情愛關係在近一兩千年的歷史中相當活躍，但它也總是相當的模糊，男人常常若無其事的在此關係之「內與外」往來頻繁。當代西方的社會生物學也對這模糊地帶特別感興趣，對之企圖作生理基因方面的解釋。而女性主義者，或後結構主義者如傅科，也從這模糊地帶的存在來觀察「一對一」婚姻情愛關係的社會意義。

女性主義者常說，近代的婚姻關係是父權用來束縛與剝削女人的，因男人特別要求女人遵守這個規則，而女人則往往沒有權力反過來要求。而傅科則建議說它可能是傳統權力的一種發展「策略」，如家族間彼此的結盟是透過互相交換「女人」來達成，而家族或王族權力系譜的保證延續，也常需要透過禁止「通姦」與「亂倫」等來維持。男女當事人都陷在另有目的的婚姻機構中。

對某些攀龍附鳳結交權貴者來說，愛情僅是這些人獲取權勢、地位、名利與金錢的工具。一旦婚姻與男女關係的工具性質提高，說穿了男女之間只是相互利用，各取所需，不管是滿足心理的、身體的，或是精神的需求，其間究竟存有多少眞正的愛情成份，頗令人玩味。不管男女、男男、女女都好，感情的關係本來就是一種性的政治。

尋找政治靠山的擇偶心理在封建社會是相當普遍的，他們透過婚姻來使自己的仕途之路順暢無阻礙，或者鞏固官場上的裙帶關系，即所謂的政治聯姻。現在雖然這種有目的的愛情心理並不普遍，但是，藉此另有所圖的還是大有人在，他們並不注重兩人的情感和心理相容，更談不上什麼知音，而把隱藏在婚姻背後的不可告人的動機，放在愛情的首位。這種愛情是不可靠的。

十八、十九世紀，乃至於二十世紀的奧匈帝國，曾經佔據中歐絕大部分的土地，瑪麗亞泰瑞莎（**Maria Theresa**）女王在位時，不僅國力達到巔峰，她所生的十六位子女們更利用政治聯姻的方式，幾乎與全歐洲的所有皇室建立起血緣關係，成爲歐洲最有影響力的國家。拿破崙的愛情生活晚期，也是著眼於政治聯姻的效用。

拿破崙（**Napoleon Bonaparte**）是世界近代史上一位家喻戶曉的風雲人物，拿破崙於西元一七六九年八月十五日出生於科西嘉島一個破落貴族家族。巴黎軍官學校結業後，任砲兵少尉，一七九三年任准將軍銜，一七九九年發動「霧月政變」，組成執行府，任第一執政。一八○四年稱帝，建立法蘭西帝國。一八一四年歐洲反法聯軍攻陷巴黎，被迫退位，放逐厄爾巴島。一八一五年再返巴黎，重建百日王朝。滑鐵盧戰役失敗後，被流放於聖赫勒拿島，並於一八二一年，病逝於該島。

拿破崙的愛情生活多采多姿。第一位闖入其心扉的女子叫德希蕾（**Desiree**），是法國馬賽一個富商的女兒，當時拿破崙還是一位不起眼的普通軍人，但他利用各種機會向這位情竇初開且涉世未深的少女，發動愛情攻勢，雖然經過多方阻撓，終於贏得少女的芳心。後來爲了事業與前程的進展，他離開馬賽這個地方，同時也與心愛的女人離情依依地惜別，多少的山盟海誓在兩人的腦海中盤旋。

離開馬賽，拿破崙來到法國的政治中心巴黎。在巴黎美女如雲，花容月貌的女子比比皆是，弄得拿破崙心神蕩漾，魂不守舍，將當初與德希蕾間的山盟海誓一股腦兒地全部拋開，屢屢向高貴豔麗的女士大獻殷勤，欲博取她們的歡心。在一次社交場合中，他爲「巴黎第一美女」約瑟芬（**Josephine**）深深迷惑，儘管在當時約瑟芬已經是兩個孩子的母親。但愛情的火苗一旦引燃，後果將一發不可收拾，就這樣拿破崙對這位比他年長的絕色美女展開瘋狂的熱烈追求，約瑟芬亦爲之心動，接受其追求。一七九六年三月，兩人正式舉行婚禮，結爲夫妻。新婚後第三天，拿破崙告別了愛妻，回到軍中前往義大利作戰，浴血奮戰。

一八〇四年，拿破崙稱帝，成爲法蘭西帝國的國王，約瑟芬則接受加冕成爲皇后。一八〇六年十一月，拿破崙率軍親征波蘭，在華沙被一位美麗動人的有夫之婦瑪麗瓦列夫斯卡（**Maria Walewska**）吸引，驚鴻一瞥之後，拿破崙如同著魔一般，神魂顚倒似地為之著迷，隨即展開追求，完全不顧體面，奴相十足地敗倒在瑪麗的石榴裙下。爲了波蘭的國家利益，瑪麗在周圍人們的勸說下，接受拿破崙的盛情，投入他的懷抱中，拿破崙也如願以償地擁有這位波蘭美女。

隨著政治與軍事上的一連串勝利，拿破崙的野心日益膨脹，但他也沒有一天停止過對愛情的追求。約瑟芬與瑪麗雖然都是國色天香，滿足了他生理上的需求，但在政治上卻無法爲他帶來更多利益。因此，他想盡辦法要攀龍附鳳，希望透過政治聯姻來壯大自己的實力，擴展版圖。先是將矛頭瞄準俄國沙皇亞歷山大一世（**Alexander I**）的妹妹安娜（**Anna Karenina**）公主，可惜沙皇不領情，企圖無法實現。接下來，他將目標轉向奧國公主路易絲，爲阻止俄法聯盟，奧國國王爲了不讓國家毀滅，也無奈的答應了這門親事。

一八〇九年，拿破崙藉口將約瑟芬廢后，並很快地與路易絲（**Marie Louise**）公主結爲秦晉之好。拿破崙身爲多情男子，年輕時候注重美色，但爲了事業與前途的需要以及現實政治的考量，也不免尋求政治聯姻，爲爾後的江山奠定基礎，鞏固勢力。

愛情絮語

小明終於決定要結婚了，他父親以過來人身分對他說：「兒子，你要好好考慮一下再作決定，因為這可能是你這輩子最後一次作決定了。」

貞節烈女VS.豪放男

愛情經常在情慾當中扮演首要的角色，更是填補心靈空虛的絕佳良藥。

以處女情節來說，男人可以到處播種留情，但卻要求自己的伴侶一定是處女，希望伴侶寶貴的第一次是留給自己，女性樂於也甘於誓死捍衛自身的名節，「貞節牌坊」即是一種對男人忠誠且專一的象徵，背後隱藏的卻是男性對「處女情結」的矜持，但處在父系社會底下的女性，爲了滿足男性的虛榮心理，對這種清白、純潔、單一、忠誠的表徵卻甘之如飴，不管這種觀念在實際上斷送了多少女性同胞的幸福。男人可以光明正大甚至是名正言順地對女性做出任何要求，但卻無法要求自己是未來伴侶的「第一人」。在父系社會當中，這被視爲是正常的，而且在大多數人的內心深處形成牢不可破且根深蒂固的刻板印象。

不過時代在轉變，男女根深蒂固的傳統觀念也並非牢不可破，現代女性的性自主空間也提昇了，女性對愛情也有自己獨特的見解與看法。在以往的農業社會中，由於工作粗重，並非女性的體力所能負荷，因此，在男主外女主內的傳統觀念裡，女性總是謙卑、低聲下氣默默地爲家庭做無私的奉獻，洗盡鉛華地承擔相夫教子的責任與義務。不過隨著社會的進展，在工業社會中，由於靠的是腦力與交際手腕，身體的勞力並非獲取經濟來源的主要手段，因而使女性同胞在職場上逐漸佔有一席之地，女性不一定要依靠男性才能獲得終身依靠或生活需求上的最低保障，女性同樣可以自食其力，憑自己的能力與實力維持基本的生活條件，甚至在某些方面超越男性。

其實男女交往最在乎的，是那段如詩如夢的心靈交會與互動過程，從精神上的寄託、依賴、相互提攜，到結成終身伴侶，每一段都是刻骨銘心的感受，都是雋永的回憶。假如愛情失去這些回憶，人類僅剩下行屍走肉的軀殼，沒有心靈的饗宴，亦沒有幸福溫馨的軀體歸宿。人之所以爲人，乃是因爲人具有七情六慾，因此人類不能只顧著軀體生存所需，同時也要爲這些情慾找到宣洩或放置的場所，愛情經常在情慾當中扮演首要的角色，更是塡補心靈空虛的絕佳良藥。

有些男女的結合並非全然爲了愛情，只能說是政治的考量，說穿了也就是覬覦與貪圖名位、權勢、金錢，以利益作爲結合的基礎，嚴格談起來沒有愛情的精髓融入其中，一旦共同的利益消失，這種結合便容易出軌，即便是勉強在一起，心懷芥蒂，沒有愛情充當潤滑劑也不易長久，只有痛苦。

時下經常聽聞，部分男子爲了少數的金錢利益，竟然出賣自己的婚姻契約，他們可能是智障者，也有可能是無賴、流民，總之他們被誘與外國女子假結婚，收取一定數額的佣金，但他們契約上的合法老婆卻由人蛇集團送到各地從事非法的勾當，最常見的即是賣淫工作。這些男人不是形同吃軟飯嗎？婚姻被如此玩弄，實在令人大感疑惑。選錯愛情的執政黨不也是如此，失去金錢事小，斷送一生幸福才是可悲。對於不美滿的婚姻契約，我們要有壯士斷腕的決心。

婚姻雖是契約關係，但契約關係並不一定代表永久。我們爲某項發明與創作去申請「專利權」，但專利權也僅能保護你的發明與創作一定的時效。契約可以更改，當我們購買了某件商品，覺得它的品質欠佳，或覺得不適用，可以在保證期要求更換商品或退貨，以保障自己的基本權利。因此，法律雖然對婚姻關係形成基本保障，但對於違犯其規定與禁制者，爲保障另一人的權益，在提出法律訴訟之後，也是准許單方面的離婚請求，並非如古代只有男子可以休妻的份，而弱女子豪無置喙的餘地。誠所謂「合則聚，不合則散」，當婚姻關係中的一方或雙方都覺得婚姻是一種負擔，是一種壓力與束縛，爲了擺脫種種的限制與壓力，任何一方都會提出離去的要求，重新過著單身、無拘無束的生活，或者是尋求另一段適合的婚姻。

愛情絮語

在大飯店的餐廳裡，有個婦人一直盯著附近一個紳士。紳士感到很尷尬，決定走過去問個清楚。他客氣地問她，他們以前是否在什麼地方見過面。

她答道：「我們從未見過面，可是你的樣子很像我第三任丈夫。」

他問道：「你結過三次婚嗎？」

「不，只結過兩次！」婦人答道。

Something About Love

第四章

愛情VS.性愛觀

性在男女的愛情中，有著無可取代的地位。

從古自今，性都蒙著神秘的面紗。

兩性交往過程中，

女性比較注重的是心靈層次的情愛關係，

以男性的角度與觀點來看，

性與愛可以同時並存，但也可以同時分開處理。

性是美妙的，倘若性不誘人，人類社會恐怕早已滅絕。

男女的性愛觀

性是美妙的，倘若性不誘人，人類社會恐怕早已滅絕。

以人類生命延續的觀點來說，男女間的交往只是一種共組家庭所必經的過程。在以男性為尊的父系社會裡，男人尋求女伴，美其名是傳宗接代，實質上是為自我創造另一個替身。事實上，愛情並沒有充斥那麼多的功利色彩；若純以功利主義的效用觀點看待兩性的交往，灰姑娘般的愛情故事絕對不會出現，如同卡通「小飛俠——彼得潘（**peter pan**）」的世界中，倘若孩童的心中不再對小精靈存有幻想，童話故事的夢境眞的會變成虛構，孩童的成長過程也將枯燥乏味，童顏歡笑將成為遙不可及的憧憬，也無法變成年長後的甜美回憶。

性在男女的愛情中，有著無可取代的地位。從古自今，性都蒙著神秘的面紗。性是美妙的，倘若性不誘人，人類社會恐怕早已滅絕。因為純粹的愛情並無法使人類繁衍後代，製造自己的替身，因此，愛情若要以結婚作為結局，那麼所牽涉的一定包括性在裡面。唯有性愛才能繁衍出下一代，其實性是包含在男與女的愛情關係當中的，只是此一話題私密性較高，公開談論在以往傳統的保守社會中被視爲是禁忌之一；前衛人士對性愛離經叛道式的論述，可能被衛道者歸爲異類。然不可諱言的是，性愛的確有其功用，但也有其私密性，不可在公開場合進行，也就因爲如此，它的神秘性也就提高，不少性致高昂的男性爲一窺其奧妙，享受性愛帶來的歡愉，才會用盡手段與方法去追求異性。性愛若唾手可得，則失去新鮮感，也褪去神秘的外衣，男性恐怕也不會想盡辦法獲取，間接來說，人類社會可能因爲這樣而面臨絕種的危機。

從男性的角度與觀點來說，性與愛可以同時並存，但也可以同時分開處理。一般而言，男人對性的要求會大過於愛。有些男人可以與陌生的女性在沒有任何情感的基礎之下發生性關係，經過一番纏綿悱惻、耳鬢廝磨的翻雲覆雨之後，可以立即翻臉不認人，穿上衣服便走人，絲毫不會有所眷戀。若有渴望與期待，可能是下一次更爲親密的肉體關係。其中有多少情在裡頭，不用說也明白。

男人嫖妓的行爲，渴望一夜情的發生，希望在社交場所有豔遇出現，最好是女主動投懷送抱，主動獻身，這些都顯示出男人對愛情較不負責任的態度。爲了將獵物哄到手騙上床，男人可以信口開河，即便是千百個「我愛妳」皆可輕易說出口，等到那檔子事結束之後，可以翻臉不認帳，任意毀棄事前的承諾，輕鬆應對，當作沒這回事發生，對重承諾的女性無疑地是一種嚴重打擊。

相對地，就女性來說，兩性交往過程中，女性比較注重的是心靈層次的情愛關係，然後才是親密的肉體性行爲。對於沒有情感作爲基礎的性行爲，女性多半持保守態度，不會輕易嘗試，即便是曾經親身經歷，但是在道德與禮教的約束下，若是輕言嘗試，往往會在她們心中萌生極大的罪惡感，成爲生命中的污點與陰影。其實，就傳統的社會禮俗來看，在以父權爲主的社會體系中，風俗、禮教、道德規範、價值觀…等加諸在女性身上的遠較男性爲多，對女性的要求也甚爲嚴苛。不過，部分e世代的女性，對性愛的態度與事後處理方式，較傳統的女性有著一百八十度的大轉變。曾經有幾位大約十六、十七歲的少女一同到婦產科診所就診，醫生問她們有何問題或疾病，她們語帶輕鬆笑容地回答表示要「夾娃娃」，還揶揄醫生說集體掛號是否有優惠或折扣？弄得醫生滿臉疑惑、一頭霧水，最後醫生才知道，原來「夾娃娃」就是墮胎的意思。

以處女情節來說，男人可以到處播種留情，但卻要求自己的伴侶一定是處女，希望伴侶寶貴的第一次是留給自己，女性樂於也甘於誓死捍衛自身的名節，「貞節牌坊」即是一種對男人忠誠且專一的象徵，背後隱藏的卻是男性對「處女情結」的矜持，但處在父系社會底下的女性，爲了滿足男性的虛榮心理，對這種清白、純潔、單一、忠誠的表徵卻甘之如飴，不管這種觀念在實際上斷送了多少女性同胞的幸福。男人可以光明正大甚至是名正言順地對女性做出任何要求，但卻無法要求自己是未來伴侶的「第一人」。在父系社會當中，這被視爲是正常的，而且在大多數人的內心深處形成牢不可破且根深蒂固的刻板印象。

愛情絮語

人有與異性性交的本能（傳宗接代）。
愛情可以美化性。性可以加強愛情的效果。
「純純的愛」是不穩定的，隨時可替換的。
性本身不會變，愛情會改變。
性不是愛情的墳墓。

愛情史觀

愛情能緩和緊張的氣氛，性則能調和陰陽差異。

愛情究竟是什麼？愛情就是現象，也就是戀人所意識的情境，戀人所能意識到任何情境都是愛情的領域。愛情既不能用精神來解釋，也不能用物質來解釋。愛情只有身歷其境的戀人方能一窺其奧妙與意義。

滿天星、雛菊、紫藤、荷花、流蘇、曼陀羅、玫瑰、薰衣草、迷迭香……每一種花卉各有一種花語，這些花語象徵著愛情的意義，更牽動著年輕人對於愛情的嚮往。仙人掌代表著愛要及時，金魚草告訴你需要尋找一個情人，金銀花說的是成全彼此……這些無數花語是重要的占卜指標，從花草的祕密裡看到許多愛情的故事，離別的、單戀的、苦戀的、彼此相愛的、彼此思念的；在花草愛情裡看到因花謝而凋零的愛情、因花開而盛開的美麗。花草都有專屬的愛情象徵與特殊意義，那麼愛情與性愛本身又代表什麼？又是象徵什麼呢？是否具有特殊意義呢？這就需要看個人對愛與性的觀感爲何了。

愛與性是生活中的潤滑劑，愛情能緩和緊張的氣氛，性則能調和陰陽差異。那麼，男與女之間的情愛關係究竟有無所謂的規則可言？是否有必要對此種情愛關係實施若干的限制？性關係的重要性與複雜性尤勝男女之間單純的情愛關係，情愛關係與性關係兩者是否呈互補狀態？或者是兩者間無任何關聯性？抑或是兩者間有所謂的先後次序的連貫性與因果關聯性？這些都有待釐清與解釋。其實，從不同的角度與面向去觀察男與女之間的關係，都可獲得不同程度的理解，都有助於對愛情的觀感。每個人的內心深處都有其獨特的愛情觀，但都渴望瞭解他人的愛情觀，甚至是從自己直接的男女情愛關係中去體會。答案究竟爲何？或許只有當事人明瞭。

男與女之間的關係相當複雜難解，古今中外都充滿許多愛情史話，上至政商名流，下至販夫走卒，皆不乏膾炙人口的奇聞軼事，有的感人肺腑，有的駭人聽聞，有的可歌可泣，代代口耳相傳，有的不堪入目，遺臭萬年。林林總總的情愛史實是你我茶餘飯後的討論話題，是大家對愛情觀感的抒發，也是影響日後個人對男女情愛看法的主要原因之一。

中國人的愛情觀與歐美人士的愛情觀迥然不同，既然有不同的愛情觀，那麼對愛情的所賦予的意義與象徵，自然有所差別。就吾人的看法，中國人對愛情的看法較爲內斂保守，公開談論的機會甚少，若有，亦僅止於親密夥伴間的私密對話。歐美人士則不同，可以大棘棘地公開談論，甚至當衆論述己身的性愛話題也不覺得羞恥，處處充斥資本主義式的速食愛情，相當強調短暫的肉體歡愉刺激，屬於較不進化的一群。反之，禮教風俗雖然約制中國人的男女關係，但是一種較爲負責任的看法與態度，強調關係的脈絡有跡可尋，不至混亂。

孔子曾強調「正名」的重要性，不論君臣、父子、夫婦、兄弟，或是朋友間的關係，全都有一定的規範，不可輕易且隨便的逾越；否則關係倫常一旦破壞，不但是男女間情愛關係的瓦解，甚至可能引發帝國的崩潰。歷史上也不乏因男女關係失常而導致亡國的案例。因此，正常的男女情愛關係有助於建立王朝，鞏固基業，昇華愛情的境界；錯亂與淫蕩的男女關係，常常是敗國的原因。

我們經常說人之所以異於禽獸，爲萬物之首，乃是因爲人與生俱來的理性與靈性，人類懂得對血緣與情愛關係進行劃分與區隔。不過，在原初的人類社會當中，男女間的關係無所謂的規則可循，與其它動物一樣，是一片的混亂。初始社會中的愛情關係，說的露骨些僅是爲了滿足男性一己的性慾，根本無所謂的禮教限制，相當地恣意而爲，好比「只要我喜歡有什麼不可以」，完全以個人爲出發點，絲毫不顧及他人的感受。並非以腦袋決定行動，而是以性衝動支配個體的行爲，與一般動物沒啥兩樣。

愛情絮語

約旦是中東的回教國家之一，對婦女的自由權尺碼算是相當的寬鬆。雖然該國定有國法，但事實上，如果婦人被發現與人通姦，常常遭受私刑，因為這對娘家與夫家可以說是破壞家族名譽的大事，婦女也因而常被家族「就地正法」，國法也無可奈何。曾有一則類似的新聞案件，一位已婚婦女，被發現和別人偷情，並且懷了孕。然因丈夫本身患有不孕症，因此決定放妻子一馬，將妻子退回娘家。但是這位已婚婦女的兩個親弟弟卻不放過姐姐離經叛道、違背風俗禮教的不法情事，要求姐夫一起將姐姐趕到無人的沙漠，然後從背後開了一槍，結束了同胞姐姐的性命。因為他們堅稱，為了維護家族名譽，即便是最親密的姐姐也非死不可。

三字「斤」vs.四書五「斤」

男人愛談政治，女人愛談愛情，偏偏這兩樣東西都沒什麼邏輯可言。

決定男與女之間愛情的互動與交往，除了生物的「性」本能誘因之外，還存有許多不爲人知的複雜因素。伴隨愛情而來的產物相當多，有細說不盡的甜蜜、痛苦、哀傷、嫉妒、喜悅、欺騙、眞誠、僞裝……

愛情是男女之間的一種關係描述、是男女相處的一種狀態、也是一種心理感受……其實愛情是什麼都不要緊，因爲每個人總有不同的看法，但大家都希望經歷一次刻骨銘心，至情至聖的戀愛，故事的結果並不重要，只有兩人相愛對方，此生此世已經可說是無憾，不是有許多人常說「不在乎天長地久，只在乎曾經擁有」，正是此種心境的絕佳寫照。

婚前愛情產生的因素，都有其時間的侷限與不確定性，所以根本無法確定長時間的愛情關係會產生必然的婚姻關係。婚後愛情的產生，要靠另一套因素，例如，照顧自己以及對家庭付出的能力與意願、和諧相處的能力、自我成長與促進配合對方成長的能力、扮演親職的能力，如果這些因素都具備了，婚後的愛情沒有理由不產生。婚前的愛情因無任何拘束，所以產生的容易，但婚後的愛情，因受到法律與道德的約束，再加上夫妻雙方的承諾與限制，以及家庭義務與責任的承擔使得愛情難以萌現。

人的關係是相當複雜的，隨著互動的時間與狀況，雙

人的關係也會有所變化。所以，如果要區分愛或喜歡是相當困難的。與其去區分愛他或者是喜歡他，倒不如去分析你和他目前的關係，以及你希望和他的關係爲何。

男人愛談政治，女人愛談愛情，偏偏這兩樣東西都沒什麼邏輯可言，所以也總是可以一直講下去，中午不管吃的是西式套餐或中式餐點，配著下飯的話題老離不開這兩樣。有人對選舉的結果還餘恨未消，有人憧憬著多金又多情的男人來拯救她脫離都市叢林，但基本上男女雙方都脫離不了對另一半的依賴。

孔夫子曾云：「食色性也。」意指喜好美色是人類的天性，「性」和「飲食」同樣是生理的需求，不僅是爲了「不孝有三，無後爲大」的崇高使命，「性」更是一種愛意的表達方式。換句話說，性行爲對人類而言，已不再是單純的繁衍後代了，就個體而言，性生活可以帶來深層的歡愉。美國舊金山人類性學研究院人類性學博士陳思銘醫師表示，「性」在人類學上有趣之處是，它不同於動物界的「性」僅止於傳宗接代的目的，就個體而言，人類不只爲了延續後代而有性，還可以在性愛過程中享受樂趣，帶來靈魂深處的歡愉，以及一份感動莫名的責任，這就是性在人類學上重要的意義。

「愛」可以是理想，也可以是現實，但「性」絕對是現實，根本談不上「理想」的層面。在男與女的愛情關係中，究竟是愛的成份，還是性的驅使？從古至今，不論東方或西方，好像沒有一套標準的答案，因爲任何人可針對其需要隨意地進行詮釋，儘量合理化其行爲，爲其想法找到宣洩出口。其實心裡還是有擺脫不了的禮教束縛成份，更怕他人以異樣的眼光看待。但只要說的有理，說的振振有詞，即便是違背倫常與跳脫常軌之事，那些敢於向社會禮教、風俗挑戰者，仍然是勇往直前，義無反顧，直接以行動成就自己的想法。守成者，則是唯唯諾諾，怕東怕西，唯恐背離風俗禮教，遭人唾罵。

如同民衆看政治人物或政治事務時，往往想看到自我的投射，並且在政治人物身上尋找認同。所謂的民粹型領袖，便是有能力爲民衆提供一個認同的形貌，讓民衆感覺他或她就是自己的延伸，如同是生兒育女一般。如

果可以的話，其實一般人的心理都是非常以自我爲中心的，都想爲所欲爲，都討厭被壓抑被牽制。這也是爲什麼絕對權力絕對會導致腐敗，因爲這是人性。強人符合一般人對權力的渴望，所以迷人。這些玩弄政治者，究竟是爲了理想？還是爲了掌握權力？就好比男人與女人間的關係，到底是柏拉圖式的理想愛情關係？抑或是人類初始社會的性慾望？愛情與性之間有如層層迷霧，惑亂你我正常的認知，將人性中最原始的面貌顯露出來。

現今社會對愛情的約束，也僅限於婚後的愛情關係，例如，法律的禁制。這是對婚姻的基本保障，也是對愛情最終關係的重視。若要對婚前的愛情關係進行規範，那也僅止於禮教、道德、風俗的拘束，遵守與否，個人有最終的裁量權。無視於正統言論與規範的撻伐，他可以隨心所欲地發展愛情關係，他可以不講求責任，更可藐視人倫關係。但尊重愛情，他會在合乎禮教與風俗所規範的範圍內，敬重愛情關係，將之視爲神聖的，並且滿足於衆人的期望。

在人類的文明社會中，一夫一妻制最大的醜陋便是性別不平等。它象徵著男權對女權的勝利與宰制，是一種以男性爲主導角色的家庭模式，以男方的血緣爲主要的世系計算方式，也是一種以男性為主要權力擁有者的社會權力結構。其實男人透過這種方式，在一夫一妻制的社群中擁有了統治的至高無上地位。女性只能乖乖地臣服在這種不平等的權力結構當中。不過，現代男女面對婚姻制度中的性別不平等，他們不一定要甘於屈從。現今的法律允許他有反駁的機會，他們有機會同時也有理由尋找更為理想的婚姻結合。

愛情絮語

法國著名哲學家、文學家薩特（**Sartre Jean-paul**）與西蒙波伏娃（**Simone Beauvoir**）的愛情故事，儘管沒有富麗於婚姻關係中，但戀情卻長達五〇多年並終其一生。

一九二九年，正值青春年少、朝氣蓬勃的薩特就讀於巴黎高等師範學院，與好友尼讓、埃博德組成「三人幫」，如癡如醉的遨遊於浩瀚的知識海洋。此時，西蒙波伏娃這位年輕、聰穎而清秀的女郎在無意中走進了薩特的生活。薩特與波伏娃迅速陷入熱戀，他描述道：「我們在早晨見面，直到很晚才會分手。我們穿過巴黎散步，一直在繼續我的傘兵話題——我們的事、我們的關係、我們的生活和我們即將寫的書。」

畢業考試結束了，薩特名列第一，波伏娃緊接第二，兩人真可謂不分軒輊，比翼齊飛。但薩特為期十八個月的服役不得不讓這對戀人分別，但他們共同制定了一特殊的戀愛契約。在契約中，雙方強調，兩人要保持最親密的關係，無話不談，不准有任何欺騙行為。

然而，隨著兩人感情加深，他們在愛情觀點上的差異也逐漸表現出來。薩特說：「在青春期，當我能看女人的時候，我是想要她的全部。」「獨身生活是我的原則，我生來就是當光棍的。」「我不會結婚，永遠保持單身，我要所有的女人——只要能搞到手。」這是薩特對波伏娃的聲明，一方面要同她保持親近的、永不結婚的愛情關係，另一方面又要波伏娃不要干預他的私生活。至於波伏娃，她對薩特

的這一點非常清楚，並能接受。「薩特不願履行一夫一妻制的職責，他喜歡與女人在一起，他認為這些人和男人在一起，不那麼狡猾。」「在我們之間，存在著必要的愛情，同時我也認識到，需要偶然的愛情。」

正是在這種理解與寬容的愛情中，薩特與波伏娃的愛情顯得與眾不同，他們沒有結婚，但卻情投意合，兩情相悅，並將這份情感維持了半個多世紀，直到一九八〇年薩特去世。

戰爭與和平

愛不可發生在「烽火蔓延時」，否則即易引發戰端。

西漢自開國以來，匈奴即是最大的敵人，漢高祖與匈奴交戰過，但不幸兵敗，從此漢朝就利用年輕貌美的女子和匈奴和親，王昭君下嫁單于是和親政策最成功的案例。王昭君自小聰明美麗，入宮時年僅十七歲。皇宮中的宮女多不可數，個個想盡辦法濃妝豔抹掩蓋缺點，呈現最美麗的面貌，等候皇帝寵幸；由於王昭君的姿色出衆，無須刻意裝扮即豔冠群芳，因此常遭受排擠，自然見不著當時的皇帝。

漢元帝期間，國政安定，歲月太平，便思而親近女色，終日爲選擇嬪妃陪宿發愁。部屬建議命畫匠將後宮嬪妃的面貌繪成畫像，以便皇帝挑選寵幸對象。宮女們知悉皇帝召幸計畫後，便刻意裝扮，將自己扮成絕色佳人，部分則賄賂畫匠，將自己畫成天仙美女。王昭君自幼知書達禮，才藝出衆，但爲人耿直，不屑裝扮，更無心賄賂畫匠，因此在畫匠的筆下，她是一個醜八怪，皇帝不會將之放在眼裡。

西元前三十三年，匈奴首領單于從塞外至長安覲見元帝，請求和親並表示願當漢朝女婿，元帝欣喜，下詔賞賜單于五位宮女。王昭君自告奮勇，向負責人表示願意出塞擔任和親任務，因此她的名字就被列入名冊當中。當單于要回塞外時，元帝在宮廷中舉辦盛大宴會爲單于餞行，宴會進行一半時，元帝要求王昭君及其他四名宮女和單于見面，並完成娶嫁儀式。當王昭君走進宮廷大殿時，文武百官皆爲王昭君的美貌與莊重的儀態折服，王昭君走向元帝坐的寶座前，皇帝也爲她的美貌怦然心動，後宮粉黛佳麗三千，竟無一人比得上王昭君，元帝想挽留王昭君，但礙於情面與承諾，只好眼看老番王單于抱得美人歸，心中自是無限悔憾與懊惱，惶惶不得終日。

王昭君與漢元帝有相見恨晚的無奈。在王昭君抵達塞外前，曾經託人轉交兩封信給元帝，元帝讀完信後，不停地在流淚，最後黯然神傷，懨厭成疾，當年五月就生病死了。王昭君有生之年，西漢的邊陲安定，西漢與匈奴的關係穩定，這是漢朝運用女子和番政策以來，最爲成功，同時也是最爲長久的一次。

愛不可發生在「烽火蔓延時」，否則即易引發戰端。在對的時機遇上對的人，是美滿良緣；在對的時機遇上不對的人，是一種莫名的缺憾；在不對的時機遇上對的人，愛的轟轟烈烈；在不對的時機遇上不對的人，要自求多福。

愛情絮語

婚姻有如裝進保溫瓶的開水——只能保暖；卻難以再回到沸點。
愛情之所以磨人痛楚，只因太著重它的結果。
情淺像清晨，情濃像黃昏，情陷像雷暴；情變像地震。
愛情如寫作，不在乎目的，只迷戀過程。
愛情開始是互相縱容；愛情最後則互相操控。
愛情所以迷人美麗，皆因未猜破「謎底」。
愛，不可光做不說；情，不可只談不用。

戰爭與和平

似水柔情

男人不僅需要外表溫柔的女人，更需要內心溫柔的女人。

女性一生下來，就與溫柔有緣。然而，溫柔並非只是一種感覺，溫柔亦有它的思想內涵，男人不僅需要外表溫柔的女人，更需要內心溫柔的女人。那樣的溫柔是愛心，是女人身上的善，是關心別人，理解別人，善解人意，是有同情心的品質。

而男人呢？便是天生的獵人，他們要捕捉屬於自己的那份溫柔。在捕捉溫柔之前，要清楚地知道，每個女人都需要體貼和關懷，即使她表面十分堅強，但內心依舊柔弱。

有人說，女人如大海，深邃莫測，若想要瞭解女人，一定要先瞭解半個世界。女人善變，敏感又矜持，因此要對女人有所瞭解確實不容易。但若想品嘗愛情的滋味，又必須抱持「冒險犯難」偏向虎山行的勇氣與決心，在路程中必須學會等待、忍讓與寬容。

男人在愛情方面，往往急功近利，沒有耐心，其實追求愛情是一個相當漫長的過程，從量變到質變，在質變的瞬間擄獲芳心，過程中有前奏，有續曲，莽撞、缺乏耐心容易喪失溫柔，讓她對你產生誤解，最後前功盡棄。

有人說：「女人，愛男人的軟弱。」聽起來非常荒謬，但仔細想來，卻有某些道理，女人屬水性，是柔弱的代表，但柔可以克剛，所以想要克柔，一定要用更柔弱的東西。男人在女人面前，適當展示一下自己的弱點，讓女人在心理上覺得，你有求於她，你依賴於她，則她的母性會表現得更加突出。會不自覺地同情你，關心你。

捕獲你的溫柔，還要有應變能力，這種能力並非是指對女友見機而動，討她歡心，求得愛情。而是指在戀愛的過程中，根據主、客觀的條件及其變化，適當調節自己的擇偶標準和「理想對象」。忘了對愛人表示體貼的人，無法成爲情人。體貼就是關心愛護你的戀人，爲對方多考慮一些。體貼不是百依百順，不是有求必應，不是沒有主見。百依百順，有求必應是一種被動的，沒有脾氣的接受，而體貼則是一種主動的給予，它可以讓戀人感受到你來自心底的深情。體貼是一種對對方的關切和感受，也許並不是爲了自己，而是因爲深愛著對方。

女性的特質應是被定位在溫柔婉約、賢淑端莊，女性的形象應該是楚楚可憐，讓受到男人疼惜，是男人的心肝寶貝。其實美其名爲寶貝，但實際上卻是不折不扣的寵物，讓男人玩弄於股掌之間。女性若逾越這個傳統的認知範疇，即會被說成是帶有陽剛氣息，是巾幗不讓鬚眉，是女強人，女中豪傑。在字義中含有顛覆與挑戰男性原始權威的意味，而這個社會中，從古代到現代，一直將男與女的個性與特質定調，不論是在觀念認知上，或者是在言語的表達中，甚至實際的生活經驗中，均可輕易找到這些例證。男人婆、娘娘腔即有貶抑與諷刺的味道，絲毫嗅不出有任何讚揚的意味。

有些男人看女人，不是看她有多麼能幹，而是看她夠不夠端莊賢慧，看她夠不夠溫柔婉約。愛情有時候是一種互補作用，兩個個性剛毅的人相處在一起，一定是爭吵不斷，誰也不讓誰。男女間若能呈現互補狀態，那麼兩者是最爲完美的結合。所以有些男性會比較喜歡溫柔的女人，而討厭男人婆似的女人。但娘娘腔似的男人，就需要男人婆來管教他。不過，娘娘腔在男性裡頭還算是少數，一般男人都比較具有陽剛氣息，也因此比較需要溫柔的女性來調和，這類的女人也比較容易受到男人們的寵愛。

男人都是處於主動的角色，由友誼進而戀愛是容易的，將愛情慢慢的散播開來，男人受到接納，女人則受到呵護。女人的戀愛觀總是處於被動，因為「期待是一種甜蜜的心情。一次見面滿足一次的期待，另一次的期待又再開始，愛情就在生活中不斷的開花」。女人要多善用天生俱來的特質，男人很喜歡女人「撒驕」，撒驕也是女人的一種媚態。面貌的美麗，當然也是愛情的一種因素，但心靈和思想的美麗才能眞正獲得男人的歡心。

人生最快樂的階段，莫過於「戀愛」。它無法用圖畫或紙筆替代，戀愛是一件偉大的事。眼淚是最厲害的武器，適時的眼淚比美貌更為誘人。它是愛情的香料，也是戀愛中的催化劑，在眼淚中的愛情是最可愛的愛情，也是最容易打動男人的心「女人四十一枝花，五十是玫瑰花，六十是喇叭花，越老越發！」。世界絕沒有所謂鐵石心腸的男人，只怕不懂得如何運用溫柔的女人。

男人如果沒有金錢、俊美的外表、絕佳的口才，或是壯碩的身材，但卻能做到體貼、善解人意，同樣可以吸引女性。男人的種類形形色色，女性對愛情觀也非一成不變，有些女性就是喜歡被包容、呵護，希望他的男友或情人能夠對她體貼細心，照顧的無微不至，容忍她的任性、刁蠻無理、粗枝大葉，將她當成唯一的心肝寶貝。

有時幸福的感覺未必來自金錢，也非花言巧語，更非短暫的肉體歡愉，而是溫馨的心靈感受，一種踏實的感覺。體貼、善解人意、傾聽，猶如一股暖流，綿綿不絕的熱度活化冰冷沉寂的心房，彷彿在冬夜裡啜飲一杯美酒，熱流緩緩沁入全身，抵禦凜冽刺骨襲人的寒風。

在冬夜裡，我們不會想要吃冰淇淋，也不會想穿短袖衣褲，我們想要的可能是薑母鴨、麻辣火鍋、羊毛衛生衣、棉襖外套、手套圍巾。誰能夠善解人意地提供我們這些東西，我們就會對他感激的五體投地。投其所好才能夠取得親近權，處處與之唱反調，不是惹人嫌嗎？又怎會給人好印象呢？

愛情絮語

有位剛結婚的女性，在考取駕照後不久獨自開車回家，由於駕駛經驗與熟練度不足，因而不小心與對面來車發生碰撞。所幸車禍不嚴重，只是撞壞了車前的保險桿，但車卻是丈夫幾天前剛買的，於是這位女性著急的流下眼淚，不知道回家後要如何向丈夫交代。當她與對方彼此互要駕照與車牌號碼時，她從車上信封中取出保險卡，一張小紙條順勢滑落出來，上面寫道：「親愛的，如果車子發生了任何問題，請妳記住……我愛的是妳，不是車子。」

麥當勞式愛情

變調的男女情慾，在性的歷史上一直都存在著。

現今年輕男女對情慾的感受與需求，敢於表現甚至不吝於親身體驗與實踐，也相當樂於探索，更充滿冒險的精神，可能令所有曾經歷過性戒嚴時代的人們感到震驚，然而，在情慾發展的方向上是否已經有所背離與偏頗？相當值得觀察。新一代的女性對於性，無論在言詞的表達及行動上，都勝過較爲年長的上一代。他們因實際的觀察或親身經驗，有時對理論性的假設都會發出驚人的質疑。

變調的男女情慾，在性的歷史上一直都存在著，但人類永遠找不到適當的男女平衡點，也就因爲這樣男女的情慾處理，性及性行爲一直是人類最根本的問題。被愛，在現代社會成爲昂貴的名牌商品，爲了獲取被愛的高級商品，令許多青年付出高額的肉體代價——

包括性病及墮胎，他們用另一套新的性慾意識形態，努力散發人類最大之情慾可能。

對於女人來說，「性」彷彿是女人的所有及全部財產，意味著身分、人格及尊嚴，要有社會文化承認的「合法」性關係途徑，非異性戀的一夫一妻制不可。所有有別於此一合法途徑的「性」，都被社會用各種名義，如「不道德」、「違反自然」等，一一唾棄、責難、譴責及處罰。也因此「好女人」被道德文化規定要恪守貞操，要防止性騷擾，防止性侵犯。而那些喜歡暴力、淫蕩、濫交的就被歸類為是「壞女人」，社會對她們的撻伐遠遠超過男性的出賣肉體或嫖妓行為。

對一些女性主義者來說，性工作者則證明了父權社會中兩性如何不平等，女人如何被男人性化、剝削、箝制、消費。任何男人只要付得起錢，便可購買女人最寶貴的「性」，女人淪為男人的洩慾工具，她們只不過是社會中的一種商品，一次買賣。

在女性為男性提供性服務的關係中，男性得到滿足的不僅是性慾，更是權力慾。性的交易（包含時下流行的援助交際）將男性施於女性身上的權力具體化，在這一個架構下，男性聲稱有權去得到女性的身體，有權去命令女性身體的使用。事實上這不單出現在性的金錢交易行爲上，在男女間的婚姻關係確立之後，有些男性會以法律賦予婚姻的保障及義務，以權力的姿態凌駕女性，要求享受配偶的身體，並獨自擁有這種享用的權力。他們的心態其實是一致的。

一般來說，男性氣質被界定在英雄式的主導，而女性氣質則被定義爲無條件的服從，而這引申到性關係中，使性本身就成了權力關係。男性能自由的去表達他的性慾，但當女性表達她們的性需要或主動的要求時，就容易被懷疑其貞操與道德，女性的性完全的被忽略。不論是妻子，女朋友或妓女，在性關係中，都容易落入同一群中，都以性去取悅男性，以換取報酬（感情/金錢），卻不能表達自己的情慾，因爲這社會根本就不鼓勵女性發展自己的情慾。不過，在現今的社會中，性往往成了某些女性換取金錢的主要工具，同時也是他們從男人身上獲得權力、駕馭權力的法寶。男人若不愛性，男人若無金錢，那麼女性便無揮灑的空間，性的剩餘與附加價值也就不存在了。

原始社會晚期，隨著生產的發展，財富的累積，以及財產私有制度的出現，人類終於認識到血緣的觀念，瞭解到血緣的重要性。因此，當男性以體力優勢奠定父權的社會體系時，男女之間的性別差異開始成爲社會地位差異的主要原因，固定的婚姻制度也就應運而生。由於社會中的男性掌握著越來越多的財富，男性爲了將自己的財富留給後裔，因此，社會要求配偶中的女性杜絕與其他的異性發生性交關係，以確保將來生下來的子女，血緣關係可以被父親確認無疑，男性辛苦一生所積累的財富也不致外流。

愛情絮語……………………

年輕美麗的妻子深情款款地依偎在丈夫懷裡，妻子突然說道：「親愛的，我永遠都不希望聽到你說愛上別的女人。」

丈夫回答說：「放心吧，我永遠都不會告訴妳我愛上別的女人。」

Something About Love

第五章 愛情VS.金錢

愛情中也有貪污與賄賂。
貪污指的是不應該得到的，
但卻無法克制理智，無法戰勝慾望，
還是取了不該得的東西。
在兩人的愛情世界中，若出現二心，
對其它女子或男人存有幻想，
進而在暗中交往，這就是對愛情的貪污。

貪污與賄賂

婚外情是婚姻愛情中的一種貪污現象。

愛情中也有貪污與賄賂。貪污指的是不應該得到的，但卻無法克制理智，無法戰勝慾望，還是取了不該得的東西。在兩人的愛情世界中，若出現二心，對其它女子或男人存有幻想，進而在暗中交往，這就是對愛情的貪污，所謂「腳踏兩條船」即是貪污的普遍現象。因爲貪得，所以得之不純潔，也不能光明正大地進行，因而屬於黑暗與污穢。

婚外情是婚姻愛情中的一種貪污現象，在現今社會中時有耳聞。在這個到處充滿誘惑的年代，婚外情儼然已經成爲婚姻生活中的一大殺手，然而事出必有因，男人偷吃的理由女性不可不知：

◆ **理由一**

過了四十的已婚男性，特別是有工作狂的男人，在有了一定的經濟基礎後，就會產生叛逆，他們覺得自己錯過了人生中最好的時光，彷彿從來沒有享受過生命的樂趣。在這個時段，男人開始抗拒老化，想要重新享受戀愛的滋味。

◆ 理由二

當一個男人需要更多的性生活，而在家裡又得不到這方面的滿足時，男人的外遇也就成了一種滿足性愛的方式。

◆ **理由三**

許多男人在出差時，常常會發生有女秘書跟隨或是與女客戶談生意的機會，尤其面對這些未婚的妙齡女郎，只因機緣湊巧與對方上了床。對許多男人而言，一夜情算不上什麼大事，也不會覺得有罪惡感。

◆ **理由四**

有些喜歡尋求刺激的男人，往往會為了想改變一下一成不變的生活時，而尋求冒險。

◆ **理由五**

因為家庭因素或壓力，已婚男人在承受不了現實的壓力時，若是有一位可以撫慰他的女性出現時，很快的這個男人便會墜入情網。

◆ **理由六**

有的男人對結髮夫妻感到厭惡時，或親密關係產生不舒服感時，都會讓男人出外尋找發展。

◆理由七

女人常會有一種莫名其妙的疑心病，懷疑男人對他不忠，此時有些男人為了要讓妳稱心如意，就眞的會去尋求婚外情。

◆理由八

有的男人天生就是個風流種，是個人見人愛的大眾情人，命中注定他就是會有許多犯桃花的機會。

愛情中的賄賂，在某些時候是達成目的的必要手段。情人間可能會相互賄賂，希望對方施捨。但有用的賄賂對象應是情人周遭的親近人士，包括：同窗好友、閨房密友、情人的父母、兄弟姊妹，賄賂的目的在於使親近人士為你美言，贊同兩人的交往，使愛情關係能獲得更多的支持與承認。不過，賄賂的主要工具還是金錢，但不純然是直接使用金錢。

愛情絮語……………………

深夜，一位民意代表在路上遇到搶匪……

搶匪拿著槍指著民代：「把身上的錢交出來！」

民代勃然大怒說：「你這什麼態度？我可是民意代表耶！」

搶匪：「喔，那……把我的錢還來。」

愛情絮語……………………

一對夫婦正在餐廳用餐，忽然一位妖嬌美女走上前來和先生親熱的打招呼，

美女離開後，太太問：「那女人是誰？」

「如果妳非知道不可的話？」丈夫答，

「她是我的情婦。」

「妳的情婦？」太太怒道，「太過份了，我們離婚！」

「妳確定要放棄現有的豪宅、佣人、賓士車、珠寶、貂皮大衣，還有夏威夷豪華大別墅嗎？」丈夫問。

太太沒答腔，兩人繼續默默吃飯。

過了很久，太太終於用手碰碰丈夫，「那邊那個人不是王總嗎？」太太問，「他身邊那個女人是誰？」

「是他的情婦。」丈夫答。

「喔？」太太若無其事地邊喝咖啡邊說道，「我們的漂亮多了！」

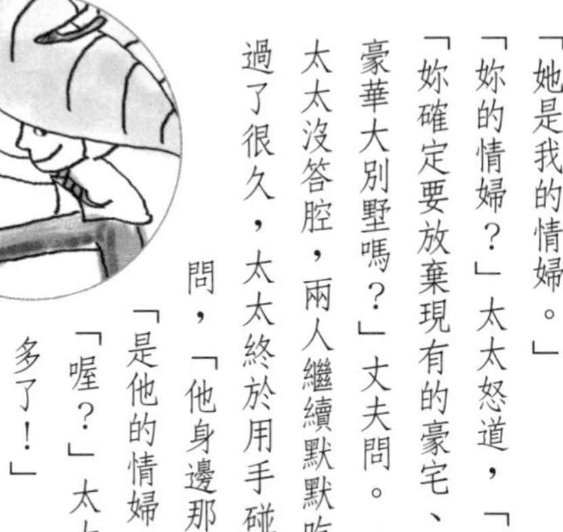

門當戶對

「門當戶對」未必單指財富、年齡、學歷、家庭背景等客觀條件。

中國諺語中「門當戶對」一詞，經常是男女擇偶的考量因素，門不當戶不對，即便雙方有再多的情愫存在，往往屈就於現實因素，若加上傳統中國人愛好面子的個性，這種情緒或想法一旦昇華，再美好的姻緣也會因而錯失。歷史上不乏這種令人惋惜的故事，生長在權貴家庭更容易感受到聲望、地位、權勢相匹配的壓力。

談「門當戶對」多半只侷限於雙方家庭的財富基礎。若僅止於此，的確過於武斷，其實，「門當戶對」未必單指財富、年齡、學歷、家庭背景等客觀條件，而是這些表象背後代表的意涵。種種形於外的條件只是

評估另一半生活層次的重要指標，看看自己是否能接受在不同財富、年齡、學歷的水平下所衍生出的文化背景和價值觀，才是維繫兩人關係的重要因素。

人與人之間相處，去除華麗的包裝、甜蜜的詞藻之後，能夠和血肉相搏的，只有「心靈」的能量。不論是朋友、師生、情人或夫妻之間，兩個心靈能量旗鼓相當的人，才能撞擊出「等量齊觀」的人生視野。也唯有這種心靈契合的相處方式，彼此才能在日常生活的對待中，言之有物、食之有味，雙雙得意盡歡。交朋友，講的是「氣味相投」；論婚姻，重的是「門當戶對」。這些老掉牙的觀念，到現在還是有很多人在談，甚至用許多前人的經驗印證這些古訓不無道理。每個人的心中，都有一座心靈能量的發電廠。依照個人心靈體質不同，擁有等級不同的能量。必須找到在心靈上旗鼓相當的人，共同相處，才可以發展出加乘的能量，否則相互抵銷能量，將會毀滅彼此，這比傳統上「門不當、戶不對」的問題，更嚴重不只一百倍。

溫莎（**Windsor**）公爵的愛情故事可謂舉世聞名。一九三一年，生於巴爾的摩市的沃利斯（**Wallis**）與第二任丈夫英國大商人歐內斯特（**Ernest**）懷著對上流社會的迷戀，與當時還是親王的愛德華（Edward）結識，並經常參加親王的各種流動。起初親王對沃利斯這位不太出衆的女人並沒有多大的關注，隨著親王對情人西瑪爾興趣逐漸冷淡，特別是他發現西瑪爾（Zimmer）與伊斯梅利穆斯林首領阿迦汗（Aka Khan）的獨生子阿裡汗（Ali Khan）親王有染後，便把注意力投向了沃利斯，並很快被這個三十七歲的女人深深迷住了。「唯一能說明他對我感興趣的原因也許在於我那美國人的獨立精神、我那直率、我那自以爲具有的幽默感，以及我對他和與他有關的每件事的樂觀或好奇他是孤獨的，也許我是第一個洞察他內心深處孤獨感的人。」溫莎公爵夫人的回憶錄這樣說道。

丘吉爾（Churchill）對親王與沃利斯的戀情也評價道：「他喜歡同她在一起，並且從她的品質中獲得他要的幸福，就像她需要呼吸新鮮空氣一樣。」一九三六年元月，威爾士親王愛德華繼位，成爲愛德華八世。國家大事的重任絲毫沒有減低他對沃利斯的愛，他向王室宣布要和沃利斯結婚。這時，沃利斯與丈夫歐內斯特的離婚宴也擺上了日程。愛德華八世的決定遭到朝野強烈的反對，他們無論如何也接受不了一人結過兩次婚的女人成爲王后。多次交涉未果之後，愛德華八世決定遜位來完成這樁亙古未有的婚姻。頂著來自皇室、首相以及新聞界的各種壓力，愛德華八世遜位而成爲溫莎公爵，一九三七年終於在法國與沃利斯成婚。對於失去王位以及永遠不能回到自己的國家，溫莎公爵對沃利斯說：「你可別後悔，我絲毫也不會後悔。我只知道，幸福永遠維繫在你的身上。」

溫莎公爵不愛江山只愛美人的故事，流傳多年仍爲後世所稱頌。當年溫莎公爵捨棄王位只爲與美女相隨共度一生，是多麼地感人肺腑。不過話說回來，之所以會有如此的結局，問題就出在朝野大臣皆無法接受這種門不當戶不對的結合，就算溫莎公爵不計較愛人的身分地位，還是得考量他人的想法，畢竟他不是一介平民百姓，而是國家的最高權力象徵。英國王妃戴安娜（**Diana**）的香消玉殞，引發多少話題，但查理（**Charlize**）王子與卡密拉（**Kaminal**）之間的戀情似乎得不到大家的祝福，除了身分地位的差異之外，恐怕還是這段不倫之戀的負面效應。

在盛產石油的國家巴林（**The state of Bahrain**），也有這樣的一則新聞，巴林的公主愛上駐紮當地的美國大兵，最後與美國大兵私奔回美，公主以為從此就可獲得自由。然對回教國家來說，自由戀愛是敗壞家風的大事，而且公主也不能和平民結婚，同時也不可自行決定婚事。巴林皇室為懲罰公主，透過許多管道與方式，花費相當的心力才將公主綁回家鄉，雖然公主已經結婚生子，但家族還是將公主槍斃，只因為門不當戶不對，哪管你是合法的自由戀愛、結婚生子。

愛情絮語……………………

蜘蛛對婚姻感到很不滿意，於是就問他的媽媽：「為什麼要讓我娶蜜蜂？」

蜘蛛的媽媽說：「蜜蜂是吵了一點，但人家好歹也是個空姐。」

蜘蛛說：「可是我比較喜歡蚊子耶……」

蜘蛛的媽媽說：「不要再想那個護士了，打針都打不好，上次搞到媽水腫……」

其實，蜜蜂對婚姻也感到很不滿意，於是就問她的媽媽：「為什麼要讓我嫁給蜘蛛呢？」

蜜蜂的媽媽說：「蜘蛛是醜了一點，但人家好歹也是搞網路的……」

蜜蜂說：「可是人家比較愛螞蟻ㄚ……」

蜜蜂的媽媽說：「別再提那瘦巴巴的工頭，整天扛著貨物東奔西跑連台貨車都沒有……」

蜜蜂說：「那隔壁村的蒼蠅哥也不錯……」

蜜蜂的媽媽說：「他是長的蠻帥，但也不能揀個挑糞的……」

非常男女

婚姻關係的背後，有著一股難以抵抗的力量……

男女雙方下定決心要結婚共組家庭，是一件相當愼重的事情，這不是玩家家酒的遊戲，而是一種責任與義務的承擔。在你的生命中，全心全意接納另一個與你截然不同的個體，需要十足的勇氣，這個過程可能長達幾十年，但也有可能在短暫的幾個月、幾週，或是幾天的時間裡就決定。對方是否是你生命中的眞命天子，全憑自我的感覺論斷。在以往的農業社會中，可能憑著媒妁之言，父母親就已經將你的終身大事決定。但在工業社會的自由戀愛時代裡，這會被視爲是荒誕、可笑的一件事。終身幸福非等同兒戲，不能由他人代勞與決定。

婚姻乃是把自己指向其所愛戀的對象，因而對其所指的愛情有直覺的意識。婚姻的意義既無法只用愛情的自我來加以說明，也無法只用戀愛的對象來加以解釋。婚姻可以洞察愛情的意義，並藉著愛情的意義將其戀愛的過程統一起來。

男女若能經由正常的交往，然後相戀、相愛，最後到結婚，這是愛情關係中最爲完美的狀態。一般愛情的最終目的也在於此。

現存的社會當中並沒有既定的法則來管理婚姻前的愛情進展，只有當兩情相悅依據法律規定共組家庭後，對愛情的約束才有明文的規定，無怪乎有人說「婚姻是愛情的墳墓」，即是源於婚後的愛情受到過多的束縛與壓力，無法恣意地進行與發展。

婚姻對某些人來說可能是愛情的保障，但對另外一些人則是情愫的禁制，愛情的終結。究竟是哪一種保障或者是不是一種保障，恐怕無法在短時間內下結論，婚姻關係有可能在未來的某個時候變成生命終結的有力保障，一旦它阻礙另一段愛情關係的發展時。但婚姻關係爲何神聖與嚴肅？因爲婚姻關係有法律的實質與具體保障，同時也有風俗禮教的無形約束。

俗話說：「男大當婚，女大當嫁。」這是人們千古不變的定律，因爲婚姻的生活，乃延續著人類的命脈。然而，在婚姻關係的背後，有著一股難以抵抗的力量，那就是男女之間的感情，所以東方「梁山伯與祝英台」與西方「羅蜜歐與茱麗葉」的愛情故事，深邃地影響傳統上有關婚姻的刻板觀念；直到如今，當人們談論婚姻的同時，仍然冀望因愛情而結合。而非憑媒妁之言或「奉子成婚」。

在「愛情爲先」的婚姻觀當中，也時聞「愛情敵不過麵包」和「結婚是愛情的墳墓」等語。因此，世人在期待「愛情與現實競賽」的婚姻裡，要能夠「永浴愛河、百頭偕老」的話，夫妻之間應當培養生活的默契、共識或興趣；換言之，共同的信仰價值，可以維繫、增進彼此的感情，並且承擔家庭繁雜的壓力和責任，乃至於屬靈生命的持守和延續。

海枯石爛的愛情，永世不渝的誓言，有一天，可能會徹底的改變。倒不是因爲背叛，也不是因爲變質，而是人們忘了那是什麼東西了。我們今天所被教導、所熟悉的愛情，並不是一直如此的，它是有歷史的——它有開始，也大概有結束。一般所說的一對一的愛情關係，通常都指「婚姻」或準婚姻。

人類社會裡頭，男人視婚姻爲接受義務、女人視婚姻爲讓予權利。男人決定結婚，意味著從今以後將照顧她一輩子，但不一定一輩子只照顧她，偶爾也可能會照顧別人，因人而異。女人決定結婚，則意味著將打開心門之鑰，只交給那個男人，只接受他的感情，但如果他拿了鑰匙卻不開門，鑰匙就會收回來。

未婚的人，有訂立婚約的權力。而有婚約的人，對於他方，若他方在婚後與人發生性關係，得自由解除婚約；如果他方與人有性關係是在訂婚之前，那麼，婚姻仍不得隨意解除。除了性關係外，若一方違反婚期，與人訂婚、結婚、失蹤、殘廢、犯罪，或得了重病（或性病），另一方都可以隨意解除婚約。不過，婚姻是否可以解除，所涉及的只是要不要負賠償責任而已。簡單的講，解除婚約時，沒有過錯的人只能向犯錯的人請求損害賠償。但是，不管如何，都不能強迫人家履行婚姻。

婚姻是愛情關係的法律保障契約，在愛情關係尚未進入婚姻關係之前，男女無不設法鞏固愛情關係，方式多樣化。一般理性正常的男女，對於愛情關係會尋求正當的途徑處理，但對於愛情執著者，或情緒與人格特質異常者，處理愛情關係的方式恐怕是往極端的方向走。比如說，有的人豁了出去，不惜一切地要與對方雙雙同歸於盡；有的要置對方於萬劫不復之地；有的則以殉情相要脅，脅迫情人回心轉意；有的則惡意攻訐、毀謗對方的名譽……林林總總，不勝枚舉。

所謂「道不同不相為謀」。婚姻關係若出現裂痕，亮起紅燈警訊，加上危機處理欠妥當，結局即可能是以離婚收場。這是大家最不願見到的結果。

以離婚為結局的愛情關係，不見得就是不智之舉。只是大部分人都有「勸合不勸離」的傳統思想，若婚姻關係所帶來的是痛苦，又何必要維持那種形式上親密但實質上卻是貌合神離的關係，陷自己於水深火熱當中。雖然婚前被愛沖昏了頭，理智被蒙蔽了，雖然會被笑說是「自食苦果」，但在知道是苦果之後，總有權力不要再去品嚐它吧！你的執政黨變心了，你的執政黨與他人發生了外遇，你還要執著於當初的理念嗎？仍然要費心的等待執政黨回心轉意嗎？在他的眼裡，你已經成為在野黨了。所以在契約期滿之後，你斷然不會再用選票與他訂立令人懊惱的另一紙契約。

愛情絮語

傍晚，男人下班後開車回家，突然他想到今天是女兒的生日，而他卻連生日禮物都還沒買。所以，他急忙趕到最近的一家玩具店，問店員：「櫥窗中的芭比娃娃要多少錢呢？」

「哪一個芭比啊？」店員以客氣的口吻回答。

「我們有十九元的運動芭比，十九元的舞會芭比，十九元的購物芭比，十九元海灘芭比，十九元的夜晚會芭比，還有要價二百六十五元的離婚芭比。」

男人困惑地問道：「為什麼離婚芭比要二百六十五元呢，而其他的卻只要十九元呢？」

「很明顯啊，先生」店員說，「別忘了，離婚芭比可擁有肯尼的房子、車子、船，還有家具呢！」

愛情菲夢絲——最佳女主角

每個人對每種角色在潛意識裡也都有相異的認知圖像。

舞台上的演員經常扮演不同的角色，男女在愛情中也有其固定的角色。女性在今天可能是經過裝扮花樣年華的妙齡美少女，體態輕盈，阿娜多姿，宛若西施、貂蟬再世，舉手投足的一顰一笑，皆足以動人心弦，懾人魂魄，直叫全天下風流雅士甘願臣服在石榴裙下，即便是傾家蕩產，命喪黃泉，但為博紅顏一笑，在所不辭。但換個場景，轉身一變，頃刻彷彿天旋地轉，倏然間由傾城傾國的絕色天仙美女化身為滿臉痲花的奇女（其醜無比），說臉蛋，連飛禽走獸見了均急於走避，唯恐眼睛扭曲打結，食慾與性慾全無；說身材，只能以「恐龍」兩個字來加以形容。

每個人在現實生活中都扮演多種角色，可能同時是學生、子女、情人、流氓、老闆、員工……每個人對每種角色在潛意識裡也都有相異的認知圖像，這種認知圖像是從觀察、學習等經驗，或者是基於本身的模組化印象而來的，因此當他扮演男朋友的時候，他就已經產生了先入爲主的刻板印象，根據他的印象努力去取悅女友，或者是依據個人想法對待異性，不過會隨著兩人間的意見隔閡，肢體衝突與摩擦會改變角色的行爲模式，套句話說，也就是「當了男友以後才學會當男朋友的」。或許這個男的是個差勁的男朋友，不懂得取悅女友，不懂得貼心，或說些甜言蜜語使女友心神蕩漾，成天活在飄飄然當中，感受身爲公主、寶貝的幸福氣息裡，因此，在扮演情人這方面他的表現的確不及格，得分可能是個位數。不過，從另一個角度來看，或許今天他是個差勁的情人，但並不足以代表將來他也會是個不稱職的父親，在小孩的心中他可能會是個慈父，對子女呵護有加；他也極有可能是父母眼中的乖寶寶，事親至孝；當個丈夫，他會與你共同分擔家事，辛勤努力工作。只是他不懂得如何當情人罷了。

一個人能力再好，也不可能是萬能的天神，可以將任何角色都扮演好。一個人的能力總是會有限度，但要能夠自我覺醒，體認自己所適合扮演的角色，如此方能將角色的功效極大化。

愛情究竟扮演什麼角色呢？愛情可以產生許多的功用，這些功用也就界定了愛的角色。簡而言之，愛情是婚姻關係的催化劑，愛情是兩性關係的潤滑劑，愛情是政治關係的加速器，愛情是經濟關係的發動機、啓動器。但政治是愛情的什麼？我想對某些人來說最有可能是目的吧！

愛情絮語……………………

老闆集合公司內所有已婚男士問說：「覺得自己怕太太的人站到我左邊，覺得自己不怕太太的人站到我右邊。」

語罷，只見一陣騷動，眾人皆往左邊站，只有ㄚ鮭站到右邊，還有ㄚ強、ㄚ旗站在原地不動。

老闆：「ㄚ旗，你為什麼站著不動？」

ㄚ旗：「我太太交代我過，說公司中若有分派系的時候，要保持中立，那一邊都不要參加，所以我站在中間。」

老闆：「ㄚ強，那你哩？」

ㄚ強：「我太太說，凡事自己不要作決定，要問過太太再說。我……我可不可以先打一通電話回家問問看？」

這時眾人皆以敬佩的眼光投向獨自站到右邊的ㄚ鮭，並請他發表感言。只見他手指向左側眾人，囁嚅的說：「我……我太太說，人多的地方不要去……」

美女與野獸——Beauty and the Beast

女人要控制男人的情感，男人想征服女人的靈魂。

絕大部分的人選擇交往的對象，是以外貌作爲優先考量，其貌不揚者，往往難在情場上獲得順利的進展。美女與野獸的愛情故事，在童話世界裡比較有出現的可能性，現實社會中此種情節經常被視爲是奇聞軼事，也因爲不常見，因此總是衆人茶餘飯後的談話焦點。若以一般世俗的眼光看待，俊男配美女的組合才是所謂的「天經地義」，「天衣無縫」的搭配，跳脫常人思維的結局，無可避免地會遭致他人異樣眼光的品頭論足，探討究竟爲什麼會出現這樣的組合，一些奇奇怪怪的言論也應運而生。或許美女與野獸也是經過正常的交往過程，藉由相互瞭解，因相知到相惜，重視的是心靈層次的感覺，而非外貌的美醜。

愛情是兩個人的事業，愛情進行的時間可長可短，彈性空間大。談情說愛，可能發生在兩個個性相似，嗜好相同，有共同興趣，能夠相互容忍體諒；但也有可能是發生在，兩個個性歧異，嗜好與興趣毫無交集的人身上，但若由愛情進展到婚姻關係，所要考量的並不完全是單純的外貌問題，因共同生活遠比分隔兩地無婚姻效力拘束的戀愛要來的複雜多。俊美的外表一旦等到年華逝去，鉛華洗盡，年老色衰之後，再美麗的臉孔也會變的老態龍鍾。若相互扶持的基礎僅是建築在俊美的外表上，那麼到年老還能夠保持年輕時候的心境，恐怕是痴人說夢話。不過，既然講求愛情，時下年輕人較重視短暫享樂的心態，以及較前衛的膚淺想法，其重視外表的程度應是遠大於心靈層次的感受。我們也不容否認，擁有俊美外表者，可能也同時兼具豐富的學養與內涵，但畢竟不多見。以貌取人者，所付出的成本與風險會相對提高。

追求外表美的擇偶心理，這種心理在青年人中佔有很重要的位置，所有人都希望自己的對象更漂亮點，更英俊些，這是人之常情，但如果一味地追求這種外表美，因此常走上歧途。靠對方漂亮的外表產生的愛情，是短暫的。隨著歲月流逝，愛情也會隨著外貌的衰老而消失。正如歌德（**Gothic**）所說：「外貌美麗只能取悅一時，內心美方能經久不衰。」

漂亮是女人的一只保證書：漂亮的外表，明明是糖衣砲彈，最後也不見得贏得美人歸，但男人就是死心榻地討好她。而那些缺乏視覺效果的女子，儘管有的明明是良藥，卻因爲苦口，男人常常下不了決心娶她過門。在一般男人的心目中，女子的美色總是決定是否繼續追求或交往的主要依據。

所謂「女爲悅己者容」，若將女人當作商品，男人要來購買可以，但要將代價拿出來，無論是黃金珠寶、濃情蜜意、才能本領、權勢名聲、長相身材，沒有三分三不要來梁山，這不就是購買商品嗎？有沒有女性完全不計較對方的條件，只要是男的就好？好男人從那裡來？每位女性都希望與好男人往來，問題是好男人在那裡？妳會四處搜尋嗎？還是等天上掉下來的禮物？當好男人出現以後，妳會做什麼事情去擁有他？答案往往是悲哀的，大部分的女性都坐在那裡，等天上掉好男人下來，然後麻煩上帝把好男人推到身旁，接著，再等好男人把她一把抓住，她們大部分能做的事，就是把自己包裝的漂漂亮亮，吸引男人靠近。

比起那些邋遢慵懶的女人，漂亮的外表加上出衆的氣質，漂亮女子總是較容易吸引男子的目光注意，關愛的眼神絕大份是投注在她的身上。

例如，楊玉環原爲壽王瑁的王妃，唐玄宗驚艷於她的美貌，但礙於她是自己的兒媳而不便明目張膽納入宮中，於是想出個讓楊玉環出家，脫離壽王，再以「楊太眞」身分入宮的方法。從此楊玉環「三千寵愛在一身」，並於西元七四五年被冊封爲貴妃。

唐玄宗對楊貴妃的宏愛可謂無所不用其極，所謂「君王從此不早朝」，爲了兩情歡愛，可以把國事先放在一邊；而從「一騎紅塵妃子笑」的後面，我們看到玄宗甚至動用了他手中的權力來取悅楊貴妃，這樣的做法出發點固然是爲了愛，但皇帝畢竟是皇帝，他所做的一切並不僅僅是代表他個人的，必然是要牽涉到政治的東西。

西元七五五年安史之亂爆發，次年玄宗匆匆出逃，發生馬嵬兵變，楊貴妃被賜死，就算是皇帝也挽救不了自己心愛的女人的性命。他們的愛情雖以悲劇收場，但正如白居易所描述的那樣，「七月七日長生殿，夜半無人私語時：在天願作比翼鳥，在地願爲連理枝。」他們的愛情，已經遠遠超出了一般皇帝與妃子之間的感情，上升到了真正的愛的層次，這也是後人廣爲傳頌其愛情故事的原因。

愛情絮語

睡美人型

總是依賴你來作決定，就像是睡美人，當白馬王子來吻她時，生命才會甦醒，常寄託她的白馬王子解決所有問題，而忽略了自己的問題終究是要靠自己解決。

冰山美人型

對自己的性魅力缺乏信心，因而封閉身體的反應和感受，外表一向是神聖不可侵犯，使你猜不透你們之間關係的好壞。

小紅帽型

很容易受騙，被騙得團團轉時，還一臉的無辜，長的很清純可愛，可是一開口，卻語言乏味。

騎驢找馬型

和你在一起時，她常顯得心不在焉，並未向她的家人表明你是她的固定男友，甚至暗中安排相親。

忽冷忽熱型

心情好的時候，非常體貼，心情不好時，碰都碰不得。

◆ **趕盡殺絕型**

一開始即警告你，「你是我的人，如有輕舉妄動，莫怪我不留情」，在公開場合，常不給你情面，往往當面批評。

◆ **愛慕虛榮型**

當你大方把信用卡交給她時，她也大方的把信用卡花光了，且常損你不是富家子弟，要你拼死拼活的賺錢養她。

◆ **嚴重上癮型**

她心慌談戀愛的感覺，不斷更換男友，而你也只是她患上愛情上癮症的收集品之一。

◆ **聖女貞德型**

你很欽佩她對社會的貢獻，想接近她卻遙不可及。在她面前，你常對內心的渴望感到內疚，覺得自己不應該要求太多。

◆ **鐵娘子型**

你常逃不過她的法眼，聰慧而又果決的她常一眼看穿你的心事，讓你在她面前無處遁逃。

◆ **瓷娃娃型**

中看不中用的她，全無成長的內涵。內心非常空虛，你不知道自己是否會有耐心，有興致慢慢引導她。

◆ **有夫之婦型**

不言而喻，碰不得也。

金山銀礦

在各取所需的情況下，愛情猶如金錢交易。

相貌平平但擁有多金者，身邊總不乏拜金美女圍繞，而且經常是成群的演藝、影劇美女相伴。眞叫人對這些拜金美女搖頭，在這些美女眼中，愛情只不過是騙取金錢的媒介與工具，他們之間是否存有眞正的愛情，不免令人起疑竇。這也說明了，男人若沒有玉樹臨風的外表，或者是壯碩的身材，同樣能藉由其它的條件擄獲女人的心（不一定是心，有可能是身體），特別是經濟能力，在各取所需的情況下，愛情猶如金錢交易。

沒有感情基礎的男女關係，只不過比嫖客與妓女間的關係要來的含蓄些，但其間的道理卻是相通的。男女關係若以金錢爲基礎，甚至以金錢作爲最後的考量依據，終究難以長久。愛情除了物質條件的支撐外，男女間眞正想要的還是那份眞正的心靈感受，爲所愛的人牽腸掛肚，彼此相互關懷與扶持，享受甜美的兩人世界。這是理想的愛情觀，不過就愛情的現實面來說，現代人追求的是短暫的聲光刺激，肉體歡愉，若非具有良好的經濟能力怎能玩得起愛情遊戲。

社會上不乏高學歷者做出荒唐的事情，例如，某位就讀知名大學的女學生，竟爲了吸食毒品而與學歷不高的男友同居，只是爲了貪圖吸食毒品的便利，也不顧社會道德的譴責，將身體淪爲賺取毒品的工具，兩人間眞的有愛情存在嗎？相信絕大部分的聽聞者都不會輕易相信，就算眞的有愛情成份存在，此種關係維繫方式能夠持續多久呢？不過卻也印證了，在愛情世界裡，有時金錢是必備的，而且是不可或缺的要件。一如想要從政的人物一樣，若無雄厚的經濟實力，如何疏通關節，包裝形象打響知名度；默默無聞的小卒如何能夠戰勝叱吒風雲、身經百戰、功勳彪炳的大將軍，以一般的評估來說，這是絕無僅有的事，且機率渺茫，除非小卒具有某些過人的長處與優點，否則還是會兵敗城下。

商場名人，身邊總是有如雲般的美女在一旁伺候，這些知名女藝人不是他的女朋友，就是乾女兒。因爲他經濟良好出手大方，美女們就像蒼蠅圍繞著蜜糖，想盡辦法要與之接近，以他其貌不揚的外表，但仍有衆多美女死心塌地的跟隨著，靠的是什麼，絕對不是他的外觀，也不是他的體貼細心，而是他的財富。

有些女人觀念較爲傳統，或許在她的人生當中曾經有過愛情史，但面臨婚姻抉擇時，會以能否找到長期飯票爲首要條件。在現今社會中，雖不乏能夠自給自足的女強人，經濟能力也不見得比男人差，但談到婚姻與愛情，仍不免俗地要尋找另一半，養小白臉或小男人，也成爲這些女性的特徵之一。男性在面對這些女性時，大部分會顧及面子問題，深怕相處之後失去男性尊嚴，甚至成爲取笑與揶揄的對象。因此，若非擁有良好經濟能力者，不會輕易嘗試與這些女性交往；若要，除非肯捨得下身段，不計較任何毀譽。

很多戀愛中的女人都說，他們擇偶的條件，不是看那個男人有沒有鈔票，而是看對方有沒有深愛著自己？在她們看來，愛情似乎遠比麵包重要，這話說得也許不假，不過，很多女人其實並不清楚，在他們的潛意識裡，麵包的重要性遠遠超過愛情。否則，爲什麼每年一到了情人節，花市總是大發利市，一個男人爲女人獻上一束花，就表示愛他，要是少了那束花，愛情的份量就打了折。可見，女人多少還是在乎男人用物質的手段來表達愛情。

雖然說金錢並不一定能買到愛情，但是，如果沒有了麵包，愛情往往就立刻消失無蹤。心理專家魏斯曼（**Weisman**）博士就說得很妙：「男人一旦小氣，就會驅逐性感。」一個對金錢太過斤斤計較的男人，身旁的女人通常很快就會離開他。魏斯曼博士曾經做過很有趣的研究，他發現，許多女性不自覺地喜歡看到男人為自己花錢，只有極少數的女性可以抵抗男人接二連三地用禮物向自己示好。對女人而言，一頓昂貴的燭光晚餐，當然比一個漢堡更具有情感上的價值。女人喜歡男人為她花錢，不見得是因為貪財，很多女人賺錢的能力甚至比男人還強。然而，接受男人的禮物，會讓她們感覺自己被重視，尤其是，當知道對方並非有錢卻為自己花了大錢，女人幾乎都會深受感動。

曾有一位頗知名女星，前後談了幾次戀愛都頗受矚目，最後她選擇下嫁的對象，是一位多金瀟灑的男士，這位男士在追求她的過程每天不斷地送花，想當然爾，他的鮮花攻勢最後打動了這位女主角，兩人終能結為連理。擁有海枯石爛永久不渝的愛情，是許多女人一生追逐的夢想。但是，有無數的例子證明，光有愛情卻沒有麵包，結局免不了都會變成怨偶，畢竟還是抵擋不了現實的壓力。看來，少了麵包，愛情恐怕眞的無法偉大！

金錢至上的擇偶心理比較普遍，尤其在經濟落後地區。他們把對方的經濟狀況放在首位，他們的婚姻是爲了得到一個能滿足他們吃、穿、住、玩的安樂窩，或者藉以生存的依靠。這種建立在物質、金錢基礎上的婚姻，是不牢靠的，因爲經濟條件是可以改變的，它常常因對方喪失了優厚的物質條件，而失去凝聚兩人心靈的吸引力，從而不得不分道揚鑣。

愛情絮語

愛是神奇的，它使得數字法則失去平衡；兩個人分擔痛苦，只有半個痛苦；而兩個人共享一個幸福，卻有兩個幸福。

Something About Love

第六章 愛情 VS. 現實

如果「失樂園」是日本中年外遇的代名詞，
那麼「援助交際」，則是日本高中女生從事色情行業的新名詞。
她們以自己的青春「援助」無聊的中年男人排遣寂寞，
解決他們的生理需求，
以這種「交際」行為換來金錢供自己使用。
但高中少女們並不認為這是道德觀念的淪喪或是行為的偏差，
只是各取所需而已。

援助交際與金錢交易

金錢不是萬能，但沒有金錢萬萬不能。

如果「失樂園」是日本中年外遇的代名詞，那麼「援助交際」則是日本高中女生從事色情行業的新名詞。她們以自己的青春「援助」無聊的中年男人排遣寂寞，解決他們的生理需求，以這種「交際」行爲換來金錢供自己使用。在她們的單純的思維裡頭，中年無聊的單身或失樂的男人需要情感與肉體的慰藉，援交少女本身則需要大量的金錢來滿足名牌的消費慾望，雙方的買賣是在你情我願的狀況下進行，他們一拍即合，但高中少女們並不認爲這是道德觀念的淪喪或是行爲的偏差，只是各取所需而已。

賣春現象在日本是一個嚴重的社會問題，高中女生之間尤其氾濫。她們的賣春型態稱爲「援助交際」，只要和她們口中所稱的「爸爸」、「叔叔」約會，就可以得到可觀的零用錢或名牌禮物，這種約會的內容琳琅滿目，包括：出售內衣褲、陪客人聊天、唱卡拉**OK**、甚至性交、口交等，交際手腕高明的女生號稱一個晚上可以賺上十幾萬日幣，對高中女生來說是一筆相當可觀的額外收入，這也難怪援助交際在日本會如此盛行，甚至蔓延到台灣，因爲援交的工作輕鬆收入高，少女們趨之若鶩地一窩蜂跟進。但相對地來說，出賣身體的代價與風險相當高，包括未婚懷孕、感染性病、愛滋病。

「援助交際」乃是日本對於販賣少女色情的一種文雅說法，因爲著名日劇「神啊！請多給我一點時間！」而成爲一時話題。熱中於崇拜明星、追求高價位的流行商品，尋求同儕間的接納，忽視長輩們的期望。加上傳媒一再塑造「金錢至上」的價值觀，追求財富已然成爲一股流行。在如此的社會價值影響下，青少年在無法延緩金錢上的需求和滿足時，便興起「援助交際」的念頭。

援助交際的原理是無法以正常的方法得到心裡想要的東西，靠自己的勞力賺錢又受限於種種規則，「援助交際」便成爲達成願望的有效手段，從以往的女性援交爲主，擴散至男性也流行援交或被包養。

上述達成目的的作爲，一旦在金錢揮霍殆盡之後，搭築合法證明的鋼架即開始腐蝕、傾倒，以利益爲考量的現實作爲並且將之視爲合法性支撐的主要依據，往往禁不起更大利益的誘惑。換言之，金援的雙方各取所需，利益共享，共同的利益消失，金援的意義與基礎也隨著崩潰。相同地，以金錢爲基礎的愛情關係最容易腐化，隨時都有可能煙消雲散。以援助交際來說，被援交的少女需要的是金錢來滿足物質慾望的需求，花費金錢來資助援交的男性，想要的是性滿足感，藉此宣洩生理慾望。雙方關係的融合是以金錢爲媒介，雙方絕無所謂的愛情基礎存在，交易完成隨即走人。

不過社會變遷，被援交者不一定是女性，男性也可能是主角之一。在網路上有位大學講師，身材中等，長相斯文，擁有碩士學位，論學歷、社會地位，任誰也無法想像他竟然會爲了刺激與好奇而從事援交行爲，這名男子上網留言自稱想要被包養，要求每次援交價錢在台幣三千元以上，並稱自己是「高品質」的援交男，絕對物超所值，包君滿意。凡事向「錢」看的心態，叫人直呼匪夷所思，但也只有在資本主義社會才容易有這種奇異的現象出現。

愛情絮語

一八四五年，長期癱瘓在床的伊麗莎白巴萊特（**Elizabeth Barrett**）在英國詩壇聲名鵲起，其地位已取代衰老的華茲華斯（**Wordsworth**），而與丁尼生（**Alfred Tennyson**）齊名。本來就仰慕她的天才詩人白朗寧（**Robert Browning**）給女詩人寫了一封信，大膽地對她說：「我愛極了你的詩篇──而我也同時愛著你。」女詩人接到信後也給他回了一封熱情洋溢的信，兩人從此開始頻繁的書信來往。

在白朗寧的多次要求下，女詩人克服從不見生人的習慣，兩人有了第一次見面。那知三天後，抑制不住強烈感情的白朗寧竟給女詩人寫了一封求婚信。三九歲的女詩人這時躺在床上已有二十四年，她對結婚一事早已沒有想法，認為自己不可能嫁給比她小六歲的白朗寧，於是她拒絕了他。儘管如此，兩人依然保持親密的交往，感情發展到誰也離不開誰的地步。有一天奇蹟發生了，伊麗莎白突然能下地自由行走了。儘管猶如暴君的父親完全不同意她的婚姻，她還是勇敢地投入了白朗寧的懷抱，兩人一起遠離家鄉，到義大利生活，後來還生下孩子。

愛情的力量使白朗寧夫人原本孱弱的生命延續了十五年，並使她寫出了更多優秀的詩篇。

僞裝與欺騙

人類在誘使異性追求的過程中，也同樣運用擬態和保護色。

在生物界，各種動物與植物各有其生存方式，也都有其各自謀生的本能。例如，保護色、豬籠草、竹節蟲。很多魚類能夠隨著環境的改變而轉變身體顏色。這是很多魚類及其他海洋動物常用的防衛方法，用以減低牠們被捕獵者發覺的機會。另一方面，一些突襲性的捕獵者亦利用這方法去提高牠們的捕獵效率捕捉他們的獵物。

爲了在森林中生存，動物必須發展生存技巧來保護它們自己，以免受敵人的襲擊，並且順利獵捕食物。它們通常用保護色和擬態來達到這個目的。動物用保護色使它們看上去和周圍的環境融爲一體，很難被敵人發現。其它動物通過模擬其它的植物和動物來引開敵人的注意力。

人類在誘使異性追求的過程中，也同樣運用擬態和保護色。只不過目的不太相同，動物或昆蟲是爲了求得自身的安全與生存，人類則是爲了推銷自我，獲得理想的異性青睞。坊間無數的整容診所、服飾店、精品店，無一不是提供擬態與保護色的最佳資源獲取地。所謂「女爲悅己者容」，女性刻意裝扮的目的在於提高身價，掩飾缺陷與不足，想藉由外表的裝飾補足缺失，以使整體效果更容易顯現。當然，男人總是相當輕易地就爲這些華麗的外表所迷惑，喪失判斷能力。

大衆總是盲從的，缺乏主見，往往跟隨著群衆的步伐而行。驅使個人跟隨大衆前進的因素，可能是以崇高的理想、口號爲訴求，透過親情、友情、同理心等情感因素的牽動，對受害者情緒的挑動與利益的交換，一場又一場的戰亂場面上演，爲的是領導或策劃者個人的慾望。先有巧妙的僞裝，再來則是實質的欺騙。

炫麗的外表，誇飾的言詞是迷惑群衆的最佳毒藥。高貴有氣質，外表出衆，學識豐富，談吐幽默的漂亮女性，總是能夠輕易地擄獲男人的心。男人往往絞盡腦汁，使出渾身解數，嘗試運用各種方法來達到一親芳澤的目的。「傾城傾國」之美，不正是形容女子的美貌足以讓追求者傾家蕩產，一擲千金眉頭絲毫不皺一下，甚至是拋棄江山也在所不惜。

有些女性為了獲得合法的生存權，在人性罪惡的驅使下，一步步地走向墮落。怵目驚心的生存法則，依賴色相和各種計謀博取男性的經濟支持，尋求生存的合法權。欺騙、撒謊等罪惡的行為，只是一種手段。

女性的生存環境是複雜的。她要取得成功，無疑要付出更大的代價。在一個缺乏公平競爭原則的社會裡，個人的發展並非完全憑借自身的努力而獲得。往往有一些非正常的因素決定著這一切。女性的生存是險惡的。其實又何止是女性，在稍不經意間，由於輕信，由於幻想，由於虛榮，由於霎那的意志動搖，女性都會把自己陷入尷尬的境地。意志薄弱者更會因而逐步喪失自我，走向墮落。這種女性無疑是令人同情的。因為，她們不同於那些本質上就倚仗女性的性別身分獲取利益的那種人。這個世界充滿了誘惑，也充滿了陷阱。生存本身無疑就是一種考驗。

偽裝、欺騙是為了迎合對方，也是為了隱藏缺點，將優點顯現。喜歡美好事物是人類的共通性，厭惡與排斥醜陋的事物是常態。古代皇宮中的嬪妃爭奇鬥豔，目的在設法獲得皇帝寵幸。像王昭君這種不施粉脂即能豔冠群芳者並不多見，稍具姿色者，仍不免俗地裝扮，舉凡服裝、飾品、姿態……等都是營造與襯托美麗形象的必備工具，其實這也是一種僞裝。僞裝是在製造假象，讓人摸不清也看不透，長期的僞裝則在塑造刻板印象。

愛情絮語

……………………

一位政治家到牧場參觀，他跟牧羊者打賭說：「如果我猜中牧場中有多少隻羊，你就送我一隻。」

牧羊者心想這麼多他猜不到，便答應他。

政治家看了看後說：「一百六十八隻。」

牧羊者雖然訝異，卻也只能認命：「你自己去選一隻羊吧。」

政治家從中抱了一隻後，牧羊者看了一看便說：「我也要跟你打個賭，如果我猜中你的職業，你就要把羊還給我。」

政治家滿口答應。

牧羊者說：「我猜你是個政治家。」

政治家訝異之餘，牧羊者說：「好了，你可以把手上的狗還給我了吧。」

女為悅己者容

男人喜歡女人的主要原因是外表，其次才是內在。

漢武帝時代，皇宮裡有位相當懂得音樂、歌唱、舞蹈的樂官，名叫李延年，他有位美麗、動人的妹妹，後來進到宮裡受到武帝的賞識封為李夫人。李夫人長的像一朵鮮花，只可惜福份太薄，在宮裡待不久就生病死了。李夫人生病時，武帝時常前往探望，每次武帝想見她一面，她總是將頭埋在被窩裡，武帝問她為何不肯相見？她回答說：「我滿臉都是病容，沒有什麼好看？」武帝堅持要見她，但她始終不肯。

李夫人臨死時，在旁照料的宮女們問她：「妳為什麼那麼恨皇上？」她則回答說：「我不是恨皇上，是因為我長的好看皇上才會愛上我，女人是以容貌取得丈夫的愛心，一旦容貌變醜，丈夫就不會再愛她，現在我快要生病死了，之所以不肯見皇上一面，就是希望皇上在我死後，還能想起我的花容月貌，而不是現在病容憔悴的醜樣。」

可見得在女人心目中還是相當在意自己的容貌，他們總是認為男人喜歡女人的主要原因是外表，其次才是內在。男人看女人，決定是否交往，通常第一眼是關鍵。除非兩人相識已久，對彼此瞭解深刻，由相識進而相互產生愛慕之意，但這種情形並不多見。

媒體上各種商品的廣告以及包裝，都是抓住顧客的消費心理，總是要強力推銷產品的優點與好處，以吸引顧客注意，刺激購買慾望。除非是對某項產品已經建立品牌信心，否則包裝不起眼，甚至是沒有廣告宣傳的商品，一般民眾不會輕易嘗試或者購買，宣傳與包裝通常含有責任與品質保證的意味在內。廣告愈聳動，保證愈明確，銷售成績應當不會太差。

宣傳與包裝也是一種溝通的方式，是認識品牌、瞭解產品特性的重要管道。在工業社會當中，由於生活步調緊湊，工作忙碌，多數人並未擁有足夠的閒暇時間去仔細吸取新知，因此對廣告、宣傳的依賴程度不斷增加，絕大部分的人對這些訊息絲毫不加以過濾便全盤吸收，也不管是對是錯，是好或是壞。男女間的交往，有時也要靠形象包裝。熱戀中的男女，總是在意自己的穿著，與異性互動的過程中，也相當重視自我的儀態舉止，都想在情人面前展現出最好的形象。

螢光幕上，我們常看見外表光鮮亮麗的明星，年輕男女一味地對這些偶像崇拜，但他們所看見的僅是假象，是經過刻意包裝與裝扮的，再透過傳播媒體的大肆渲染、報導，衆人眼中所見盡是美好的一面，反而忽略了隱藏的缺陷，眞實的面貌、形象是否與螢光幕相符，仍待抽絲剝繭般的驗證。

在資訊流通快速，加上媒體強大宣傳效果的現代社會中，懂得掌握媒體優勢並知悉如何操縱與運用媒體者，往往成爲職場與情場上的勝利者。商人在推銷產品之際，首先是評估消費族群的心理，然後針對這些心理因素設計宣傳重點，常常是將商品最美好的一面呈現給消費者，用以刺激購買慾望，消費者也不管實際的需求如何，只是相信廣告與宣傳，爲品牌形象所蒙蔽。政治人物也是一樣，爲了爭取選民的認同與支持，煽情的言語、空頭支票式的政見、吹噓自我的能力與誇大實際成效，無奇不有的怪招紛紛出籠。目的在於獲取能力，男女在追求異性的過程中，不也是如此嗎？

愛情絮語……………………

有對夫妻接受邀宴準備前往赴宴，妻子在房間裝扮了許久，丈夫等的有些不耐煩，好不容易終於等到妻子準備好了。這時……

妻子問丈夫：「你看，我的頭髮這樣整理會不會很醜？」

丈夫冷冷地回答說：「妳的醜跟頭髮一點關係都沒有。」

妻子一臉錯愕地站在化妝鏡前。

愛上媚登峰——Trust me, you can make it.

絕大部分的男子都性好漁色。

某國際化妝品公司針對英國、美國與澳洲共計三千名年齡介於十八至四十歲的女性實施調查，結果顯示有百分之七的女性承認每天想起有關身材的問題高達五十次，百分之二十的人每天對身材感到焦慮達十次，這些數字說明「體態」比「性」讓女性同胞在精神上感到不安，女性最欣賞的魔鬼身材是「性感豐滿」型。

知名作家劉墉曾寫道：男女之愛，很妙！無論你怎麼說「愛是無條件的」，年輕時的「愛」還總是跟「性」有關。否則，你們爲什麼由拉拉手到摟摟腰，到擁吻、撫愛，然後上了床？因爲這是與生俱來的本能，也就是因爲這本能，使男女可以相悅，使君子可以好逑，使種族能夠繁衍。如果人人都談柏拉圖式的愛情，都只要心靈，沒有肉體，這世上還有人類的存在嗎？所以，年輕人的愛往往是帶有「性趨迫」的。他們目光交流、含情脈脈，他們傾心交談、徹夜不眠。他們終於像是乾材烈火，突破最後的防線，他們翻騰、瘋狂，達到高潮。然後呢？然後，他們睡著了，睡的很熟。請問，他們怎麼不繼續一直聊、一直聊、互訴衷情、聊到天亮。性愛、性愛、男女最先的相處需要「性」，後來的相處需要「愛」。所以有人說一對男女在做愛之後，還能彼此愛憐、百般溫存的才是眞愛。我們可以引申，只有當一對夫

妻，有一天成了「無性夫妻」，還能彼此扶持，相顧深情的才是眞愛。

坊間流行的美容、隆乳、抽脂減肥、瘦身等，目的是爲了什麼？考量的動機又在哪裡？說明白一些，是利用雄性貪婪好色的心理，將自己變得性感動人，好讓男人看了之後春心大動，以便釣得金龜婿。如果男人不愛美色，若每個男人都重視柏拉圖式的精神戀情，任憑女性再怎樣裝扮都不會達到效果。問題在於絕大部分的男子都性好漁色，重視亮麗的外表，貪圖女性美妙的胴體，因此女人們才會刻意裝扮、包裝，不惜花費鉅資雕塑身材，目的在引起男性的「性慾望」，好讓男人主動追求。以性爲誘餌，釣那些以下半身思考的多金男子上鉤。如果性的誘因與驅力喪失，再怎樣豐滿惹火的身材都是無用的。不過，多數的男子還是以下半身思考的，尤其是他們正值年輕體力充沛的時候。

愛情絮語…………………

有一個荳蔻年華的小姐，長得很漂亮，但就是鼻子「塌塌」的，不夠挺，所以總覺得自己鼻子不好看。

後來，這個小姐就找到一家整型外科，去作個「隆鼻」的手術。「隆鼻」後兩個星期，這小姐覺得很不滿意。就回整型醫院向醫生咆哮、抱怨：「怎麼搞的？怎麼把我的鼻子隆得又圓又大？隆得像孫越一樣？你叫我怎麼出去見人哪？」

「對不起啦！」整型醫生帶歉意地說：「這次『隆鼻』是我第一次嚐試，而我專長是『隆乳』啦！」

愛情漲（跌）停板

愛情是一種投資事業，投資報酬率相當低，更不用談成本回收。

愛情是一項擾人耳目的投資，如果說股市中有百分之九十的人在賠本，百分之八的人不賠不賺，百分之二的人贏利，這個比例也可能可以反過來解釋愛情的受惠者。儘管任何關於這項投資的投資報酬描述都缺乏科學的依據，但是還是有百分之九十九的人認爲自己總是那百分之二的獲利者。愛情總是以「股市」的面貌出現，讓人以爲投資報酬率高，風險低，是穩賺不賠的生意，以至於人們總是一個接著一個前仆後繼、樂此不疲地相繼投入危險的股海裡頭。事實上，愛情中的錯誤對於女人來說總是致命和危險的，那怕是一個隱藏著的念頭，一個受盡委屈的願望，一種在歧誤中傳達出來的誘惑。

有人說，交女朋友像是在幫別人養老婆，如果女朋友最終沒能成爲你的終身伴侶。話說的有些露骨，又有點諷刺，但還是有那麼一些眞實性。若以這種觀點看待男女間的愛情，那麼愛情絕對是虧本的生意，你買的股票絕對是「水餃股」，漲停板是女性的身價上揚，跌停板則是男性優勢的喪失。

講愛情，不能只光靠嘴巴。因爲愛情所費不貲，談情說愛的花費無法估計與衡量。愛情的代價可能是個無底洞，也可能是廉價商品，但商品的目標對象不同，花費也就不同。

愛情是一種投資事業，投資報酬率相當低，更不用談成本回收了。愛情的花費究竟有哪些呢？送情人的禮品要花錢，給情人打電話情話綿綿也要電信費用，出外旅遊娛樂要花錢，吃飯消費要花錢，欣賞電影、戲劇要錢，舉凡食衣住行育樂，只要能夠想出的，每一項都要花錢，所以愛情絕不可能是無本生意，往往是成本代價高，利潤卻幾近於零。愛情的獲利在哪裡？結婚嗎？發生性關係嗎？恐怕什麼都不是，即便是結婚還是要付出代價，所獲得的酬勞絕大部分是屬於心理層面，無法衡量與計算。對於功利主義者來說，恐怕還是以現實的利益，可以用眼睛看得見的，可以計算與衡量的實質利益爲優先。

以功利主義觀點看待一切事物的男人並不在少數。以買東西爲例，男人買東西往往僅注意性能，好不好用，能用多久，至於別的因素則較少考慮。當然，不好用的東西，女人也不會買，但女人花較多的時間在注意商品的形狀，顏色等外在的因素上面。比如，相同質料的衣服，如果這件的色澤比較好一些，即使多花上一些錢，她們也願意將衣服買下來。其次，以洗澡爲例，男人通常比女人花的時間爲短。因爲在男人看來，洗澡的意義就在於把身體洗乾淨，洗完了起身就走，沒有什麼好留戀的。女人就不相同了，她們會願意在浴缸裡多泡上一些時間，再抹上一身的香皀，好好地享受熱水和泡沫接觸皮膚的感覺。

如果女性在婚前失去了處女之身的證明。那麼她的身價就會大跌，這是爲什麼女性害怕婚前性行爲的原因。如果她只是進行口交而又沒有被買主發現的話，她沒有損失。口交是不會造成懷孕的，她作爲專爲買主生產繼承人的資格仍在。不過沒有一個買主會喜歡自己的私有財產被人侵犯，這就是爲什麼女性被禁止一切婚前性行爲。因爲侵犯別人的私有財產是不道德的，所以婚前性行爲才被視爲不道德。作爲賣方，在收到代價之前是不會給予商品的。這是連買主也要在婚後才能與女性交配的原因。

「女人，生育期一過，作爲物種的存在意義就消失！」這句話放在現代社會中，很多人會深表不同意。現代女性的看法是：「這個年頭難道還看著男人生活？世界這麼艱難，任何人求生都難，放過男人其實也等於放過自己。」

愛情猶如生意投資，想做無本生意，到頭來只怕是一場夢、一場空。生意有起起落落，股市也有高低起伏，但沒有進行投資如何知道損益與獲利？生意沒有穩賺不賠的道理，只有步步爲營，小心分析。愛情也需要長期經營，買空賣空似的期貨經營，運氣好賺上一大筆，時運不濟恐怕是傾家蕩產，賠了夫人又折兵。

愛情絮語……………

徐志摩與陸小曼的交往，用「愛得轟轟烈烈」來形容，一點都不為過。陸小曼與徐志摩熱戀的時候，其丈夫王賡擔任哈爾濱警察廳長，人雖然不在北京，但侯門深似海，徐志摩必須要用錢來賄賂門房（每次五百元）才有可能與陸小曼見上一面，而陸小曼給徐志摩寫情書不但要用英文，連寄信也只能自己抽空出去寄。幾經波折，徐陸二人的戀情愈演愈烈，弄得滿城風雨，王賡甚至還拿出槍來威脅陸小曼，但這一切都遏止不住二人的熱情。

對於徐志摩與陸小曼的愛情，郁達夫的看法頗為中肯：「他們的一段濃情，若在進步的社會裡，有理性的社會裡，應該是一段千古美談。忠厚柔艷如小曼，熱情誠摯如志摩，相遇結合在一起，自然要綻放愛情的火花，熱情之火一旦點燃就成熊熊烈焰，哪裡還顧得到綱常倫教？哪裡還能顧得到宗法家風？」

一九二六年十月三日，徐志摩與陸小曼舉行婚禮，梁啓超為證婚人，胡適為介紹人。他們的婚禮，真可以算得上是「別開生面」，梁啓超作為徐志摩的老師，在婚禮上進行中引經據典地來了一段訓詞，訓斥這一對新婚夫婦：「你們都是離過婚，又重新結婚的，都是用情不專，以後要痛自悔悟，重新做人。」最後，還來了一句「祝你們這次是最後一次的結婚！」但像徐志摩這樣歷盡千辛萬苦去追求愛情，去試驗夢想中愛的神聖境界，雖有不顧一切，赴湯蹈火在所不惜的勇氣與毅力，但終究還是落個失敗的結局，令人思之感慨萬千。

「慾望」是生命的靈，

是身體運轉的驅動程式，瘋狂傲笑在地球的城市裡，

貼切描述在「慾望．瘋城」的故事中，任君玩味。

這不是一本高道德的文學藏書

沒有假猩猩的文學寫作

有的只是城市男女的愛慾糾葛

讓你體驗現代男女的情慾世界……

從事電視編劇工作多年的作者

跳脫收視率框架，找到自己真正的創作空間

岳清清◎著 定價：200元

真心推薦 紫薇系列 01 戀愛野蠻告白 02 慾望瘋城

INSURANCE
INSURANCE
Bank

廣　告　回　信
臺灣北區郵政管理局登記證
北 台 字 第 8719 號
免　貼　郵　票

106-□□
台北市新生南路3段88號5樓之6

揚智文化事業股份有限公司　　收

□□□-□□
地址：　　市縣　　鄉鎮市區　　路街　段　巷　弄　號　樓
姓名：

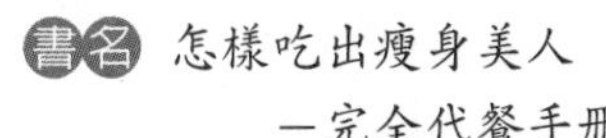

—完全代餐手冊

葉子出版股份有限公司

讀・者・回・函

感謝您購買本公司出版的書籍。
爲了更接近讀者的想法，出版您想閱讀的書籍，在此需要勞駕您詳細爲我們填寫回函，您的一份心力，將使我們更加努力！！

1. 姓名：________________
2. E-mail：________________
3. 性別：□ 男 □ 女
4. 生日：西元______年______月______日
5. 教育程度：□ 高中及以下 □ 專科及大學 □ 研究所及以上
6. 職業別：□ 學生 □ 服務業 □ 軍警公教 □ 資訊及傳播業 □ 金融業
   □ 製造業 □ 家庭主婦 □ 其他______
7. 購書方式：□ 書店 □ 量販店 □ 網路 □ 郵購 □書展 □ 其他______
8. 購買原因：□ 對書籍感興趣 □ 生活或工作需要 □ 其他______
9. 如何得知此出版訊息：□ 媒體______ □ 書訊 □ 逛書店 □ 其他______
10. 書籍編排：□ 專業水準 □ 賞心悅目 □ 設計普通 □ 有待加強
11. 書籍封面：□ 非常出色 □ 平凡普通 □ 毫不起眼
12. 您的意見：____

____

13. 您希望本公司出版何種書籍：________________________

☆填寫完畢後，可直接寄回（免貼郵票）。
我們將不定期寄發新書資訊，並優先通知您
其他優惠活動，再次感謝您！！

根

以讀者爲其根本

莖

用生活來做支撐

引發思考或功用

獲取效益或趣味